仕掛けから、利乗せ、ナンピン、手仕舞いまで

FXプロの定《じょう》石《せき》

ワカバヤシ エフエックス アソシエイツ代表

川合美智子

THE PROFESSIONAL METHOD IN FX TRADE

日本実業出版社

●はじめに

相場という波動に乗る

有名な日本のローソク足の分析手法に「酒田五法」というものがあります。江戸時代の相場師、本間宗久が編み出したもので、その考え方は現在のトレードにも役立つものですが、そのなかで本間宗久は相場のことを「相場様」と称しています。それくらい、相場というものは、ある意味、畏怖される存在だったようです。

そこには、「相場の行方は神のみぞ知る」ではありませんが、相場を極めた者として到達し得た達観があるように思います。

相場は24時間常に、永遠に動いています。トレーダーというのはそのなかのごく一瞬、ほんの一部の波動に乗せてもらっているのです。その乗り方が、そのときの相場のトレンドに合っていれば儲かり、合っていなければ儲からないわけです。つまり、トレードのテクニックなどと偉そうに語っていても、それ自体、自分が意図して行なっているようでいて、実は相場の波動に乗れたかどうかというだけのことであり、長い相場のトレンドのなかの一部分の切れ端を、ほんの少しつかませてもらっているという程度のことなのではないかと思います。

そういう意味では本書でも、私が「相場の動きを分析して、ポジションをとり、利益を上げる方法を教示する」というようなスタンスになってはいますが、本当はそういう自分主導ではなくて、相場の波動に逆らわないで入らせてもらい、そこから利益を上げる方法のなかの一例を紹介しているに過ぎません。

トレーダーのなかには、ともすれば「自分は相場を当てた」「自分が大きなポジションで動けば相場を動かすこともできる」などと豪語している人もいるようですが、相場というものは、決してそのような存在ではないのです。

だから、相場とは真面目に謙虚に対峙しなければなりません。そのように心がけ、実行する人が、相場と共存し報われることになります。

本書では、「待つことと攻めることの大切さ」「具体的なエントリーの方法」「利食い・損切りのタイミング」「利乗せやナンピンなどのポジション操作」「理屈をつけてはいけない」「乗り遅れた電車に飛び乗ってはいけない」といったメンタル面を含めた自己管理法など、30年以上にわたるトレーダーとしての経験から得た教訓も紹介しますが、それらは突き詰めていえば、「相場様」と対峙するにあたっての当然わきまえておくべき礼儀なのです。

ＦＸのトレードは、とてもワクワクするものです。相場の波動にうまく乗れれば儲けることができます。その波動と自分自身の波動がうまく一致すると、本当にあっという間に、それこそ数日で何倍といった具合に、「投資」という枠ではとらえられないほど大きく儲けることもできたりします。しかし当然のことながら、常に勝ち続けられるものではありません。相場の波動と合わないときには苦しい状況が続きますし、相場への畏怖を忘れた自分本位の行動をとったりすれば、破産に追い込まれてしまうこともあります。

「為替相場は変動が激しいから怖くて無理です」とか「為替相場はリスクが高いのに怖くない

のですか？」という質問をいただくことがあります。金融商品ですからリスクは当然あります。けれども、リスクがあることを知っているだけで自ずと慎重になれるはずです。人は一攫千金を狙うからリスクの高いところに身を置いてしまうのでないでしょうか？

私自身は、相場に対する畏敬の念はありますが、リスクがあることを怖いと思ってトレードしたことはありません。むしろ為替市場ほど平等でチャンスの多いマーケットはないのではないかと思っています。相場の急変時にスプレッドが拡がることはありますが、プライスがなくなることはありませんし、24時間常に動いているのでカバーすることが可能です。他の金融商品と異なり、いざというときにも対応できるからです。

本書が、相場と真摯に対峙し、畏怖の念を忘れることなく相場と付き合い、着実に利益を上げていきたいという方の手にとられ、そのお役に立つことができればこれに勝る喜びはありません。

二〇一三年二月

川合美智子

CONTENTS

第1章 エントリーのテクニック

第2章 エグジットのテクニック

第3章 ポジション操作のテクニック

第4章 プロは知っている相場で勝つための応用テクニック

第5章 これをやると負ける「トレードの禁じ手」

カバー写真／村越将浩
装丁・DTP／村上顕一

序　章

為替相場という独特の世界

THE PROFESSIONAL METHOD IN FX TRADE

0-1 為替トレードならではの勝ち方がある

FXは「投資」ではなく「トレード」

「FXが初めての投資という人は、どのくらいいらっしゃいますか？」

セミナーなどで時々、こんな質問をさせていただくことがあります。あくまでも、目視で数えただけですが、大体、この質問で手を挙げる方が、全体の3分の1程度いらっしゃいます。私が行なうセミナーというのは、主にFX証拠金取引会社が主催するもので、FXの初心者レベルの方を対象としたものが多いのですが、それでも残りの3分の2の方々は、過去において何かしらの投資経験をもっている、ということになります。

一体、どんな投資をしていたのでしょうか。

過去に投資経験があるという方のうち、約半分は投資信託、金、外貨預金、債券あたりで、残りの半分は株式投資の経験があるという方々です。いろいろな会場で、こうした質問をするのですが、だいたいこのような比率に分かれます。

投資信託や金、外貨預金、債券は、どちらかというと長期投資型の金融商品です。なかでも投資信託は、購入する際にかかる購入手数料が高いため、あまり頻繁に購入・解約を繰り返すと、コストがどんどん嵩んで、せっかくのリターンが帳消しになってしまう恐れがあります。したがって、どうしても長期投資を前提にせざるを得なくなります。

さて、たとえばこれまでに投資信託でしか資産を運用したことのない人にとって、ＦＸというのはおそらく完全に未知の世界だと思います。投資信託は長期投資を前提にする投資商品であるのに対して、ＦＸで資産を運用している人の大半は、短期トレードです。なかには「スキャルピング」といって、買った数分後、ヘタをすると数秒後には売るといった超短期志向の投資家もいます。こうした超短期トレード派の人たちの行動パターンは、投資信託のみで資産を運用してきたような投資家には、なかなか理解できないものでしょう。

一方、株式への直接投資は、もちろん長期投資をする人もいますが、デイトレーダーといって、短期の売り買いをする投資家も一定数います。

そのため、株式の投資家はＦＸに対して意外と親和性が高いようです。実際、「相場が盛り上がらず、株式のデイトレードがやりにくくなった」とか「ＦＸのほうがチャートやテクニカル分析ツールが充実していてやりやすい」といった理由で、ＦＸに転向してくる方もたくさんいらっしゃいます。

株の延長で考えるとうまくいかないもの

そして、そういう方の多くは、当然のことながらＦＸを株式投資の延長でとらえているようにうかがえます。確かに、価格が上下するという点は株式もＦＸも同じですし、過去の価格推移をチャートで見ても同じように見えます。テクニカル分析ツールも同じようなものを同じように使いますから、そのようにとらえるのも無理のないことかもしれません。

しかし、だからといってＦＸを株式投資の延長としてとらえてしまって、上手に儲けることができるでしょうか。実際、そう考えて、うまく儲けることができた人はいますか？

実は、ここに大きな落とし穴があるのです。これまで株式運用をしていた投資家は、それと同じ感覚でＦＸのトレードに参加してくるわけですが、為替と株式はまったくの別物なのです。そこに気付かないと、いつまでたっても上手に儲けることはできないし、ヘタをすれば大やけどをして退場させられることになります。

では、株式投資とＦＸのトレードとでは、具体的に何がどう違うのでしょうか。わかりやすく説明していきましょう。

0-2

為替トレードの基本はトレンドに乗ること

為替レートに「妥当値」はない

株式投資をしていると、「フェアバリュー」という言葉が頻繁に出てきます。フェアバリューというのは、「妥当値」のことです。株式であれば、その会社の利益や保有純資産の額と比べて、現在の株価が妥当かどうかを判断します。そのために、PER（株価収益率）やPBR（株価純資産倍率）といったおなじみの株価指標があります。

フェアバリューを算出できると、たとえば現在の株価が割高なのか、それとも割安なのかということについて、一応の目安を設けることができます。

すると、「いまは株価が上がっているけれども、割高だから売りに回ろう」とか、「株価は下落しているけれども、割安だから底打ちを狙って買いに回ろう」というように、「逆張り」の動きが出てきます。したがって、株式投資家の多くは、価格が上昇トレンドにあると、すぐに売りたくなり、逆に価格が下落トレンドにあると、買いに回りたくなる習性が、自然のうちに身についています。

このまま為替のトレードを行なうと、どうなるでしょうか。

たとえばドルが一方的に買われているとします。おそらく、株式投資家の多くは、「どんどん上昇しているドルは、フェアバリューから見て、割高になっているに違いない」と考えて、ドルの売りを仕掛けようと考えます。そして、いつかドル安に転じることを想定しながら、ドルを売ります。

1回売って様子をみるだけならまだしも、ドルが上がるにつれて「これでもか」とナンピンをかけてドルを売っていくようなことをしたら、おそらくこの投資家は悲惨な目に遭います。売っても売っても、なぜかドルはどんどん上昇していくことでしょう。そうしているうちに強制ロスカットとなります。

実はこういう方がたくさんいらっしゃいます。なぜでしょうか。

それは、強いトレンドが発生していたからです。フェアバリューに対して割高になれば売られるというのは株式市場の話であって、為替の場合、そもそもフェアバリューという概念自体がありません。

株価であれば、収益や純資産など、会社の価値を決定する要素が明確ですが、為替レートの場合、森羅万象さまざまな要素が織り込まれるため、フェアバリューを計算する要素がはっきりしないのです。

しかも、為替レートというのは相対的なものです。たとえばユーロ／ドルの場合、米国の景気が失速気味であればドルは売りと思われますが、一方のユーロが債務危機などのあおりで大きく売られる状況となれば話は別で、相対的にみてドルは上がる可能性が高いのです。

高くても買ってより高く売る、安くても売ってより安く買い戻す

では、為替のトレードで売り買いの判断を下すときには、どうすればよいのでしょうか。

為替のトレードには基本的に逆張りが通用しないのであれば、順張りすなわちトレンドに乗っていけばよいのです。株式投資から為替のトレードにシフトした場合、まずはこの点をしっかり頭のなかに入れておかなければなりません。

したがって、為替のトレードで成功するための第一歩は、「トレンドが発生したのかどうか」を判断できる目を持つことです。そしてトレンドが発生したと思ったらそれに乗り、トレンドが終わったらポジションを閉じて利食いをしたらよいのです。

イメージとしては、株のように「安く買って高く売る。高く売って安く買い戻す」のではなく、「高くても買ってより高く売る。安くても売ってより安く買い戻す」ということです。為替のトレードで売買差益を上げるためには、このようにトレンドの方向性に乗って、その波動のなかで差益を稼ぐのがいちばん簡単なのです。むずかしく考えるのではなく、「簡単なことを目指す」ことが大切なのです。そして、「逆張りはやらない」「常にトレンドを狙い、トレンドに乗る」ということは、その簡単さを目指す第一歩なのです。

0-3 「通貨のポートフォリオ」には百害あって一利なし

投資の基本は分散にあり？

株式投資をしている方の多くは、「ポートフォリオ運用」「分散投資」という言葉が好きですね。これは、リスクを分散させるためには複数の銘柄に分散投資をするのが有効だ、という株式投資においては古くから信奉されている理論です。

ところが、この考え方の延長で為替のトレードを行なうと、まず間違いなく失敗します。為替でいう分散投資とは何でしょうか。正直、私自身はこれまで、為替のトレードで分散投資をしようなどと思ったことがないので、あまりよくわからないのですが、おそらく、たとえば次のようなイメージでしょう。

ドル買い・円売り

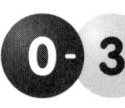

ユーロ買い・円売り
トルコリラ買い・円売り
南アフリカランド買い・円売り

以上の4つのポジションを同時に持つ。これによって、通貨のポートフォリオ運用ができている――。

こんな感じだと思います。

本来の分散投資というのは、ハイリスク・ハイリターンの資産に投資するため、そのリスクを多少なりとも軽減させるために、ミドルリスク・ミドルリターンの資産、あるいはローリスク・ローリターンの資産と組み合わせるとか、値動きの傾向が逆になる資産を同時に持つことによって、お互いの値動きを相殺させて全体としてのリスクを軽減するといったことです。

通貨ペアに「おいしい組み合わせ」はない

ところが、上記の4つの通貨ペアでいえば、トルコリラ買い・円売り、南アフリカランド買い・円売りという通貨ペアは、どちらも似たように、金利が高く、かつ値動きも荒い、典型的なハイリスク・ハイリターン投資の対象です。

さらに、そのリスクを軽減させ、かつ多少なりとも高いリターンを狙うためということでしょうか。ドル買い・円売り、ユーロ買い・円売りという、2つの主要通貨の買いポジションも持っています。

しかし、よく考えてみてください。まずはすべてが外貨買い・円売りと同じ方向になっていることが問題です。

よく「相関係数の低いポジションを組み合わせる」といわれます。相関係数というのは、要は同じ値動きをするのか、それとも違う値動きをするのかを判断するための指標で、相関係数がプラス1だと、異なる2つの資産がまったく同じ値動きをすることを意味し、逆に相関係数がマイナス1だと、まったく逆の方向に動きをすることを意味します。したがって、相関係数がマイナス1に近い通貨ペアの組み合わせを考えれば、分散投資がワークすると主張する人もいます。

為替のトレードにおいても、過去の値動きの相関係数がマイナス1に近く、どちらもスワップ金利をとることができるポジションを持つことができれば、理論的には相場の変動によるリスクを抑えつつ、スワップ金利をとることができる理想的なポジションということになります。

しかし、現実にはそのようなポジションの組み合わせはまずありません。極論をいえば、ドル/円を買って、ドル/円を売れば、相関係数がマイナス1となりますが、このポジションを持つ意味はまったくありません。では、何か別の通貨を対円で買い、別の通貨を対円で売ったらどうでしょう。相関係数からすれば多少はリスクを抑えることができるでしょうが、おそらくスワップ金利はほとんどプラスにならず、やはりそのポジションを持つ意味はあまりないといえるでしょう。

現時点でスワップ金利を狙ったポジションをとるとすると、総じて外貨買い・円売りとなりますが、こういうポジションはだいたい同じ方向の値動き、すなわち相関係数がプラス1に近いようになるのです。

「通貨ペアの分散」はリスクを大きくするだけ

こういうポジションはいくら複数に分散していても、まったくリスクを抑えることができないばかりか、むしろポジションが増えている分だけ大きなリスクをとっていることになってしまいます。たとえばリーマンショックのときを思い出してみてください。ドルもユーロも、南アフリカランドも、とにかくすべての通貨が対円で暴落し、リスクを抑えることにはまったく役立たなかったのです。

私は、為替のトレードというのは、長くポジションをもってスワップ金利を狙うものではなく、売買差益を狙うものだと考えています。つまりマネーゲームなのです

そうであれば、ドルやユーロなどの先進国通貨でも、充分に利益を狙うことは可能です。それなのに、あえて、トルコリラや南アフリカランドに投資する意味があるのでしょうか。たとえばトルコリラは、為替市場での自由な取引が解禁されていない通貨です。ということは、非常に流動性（買いたいとき、売りたいときにきちんと適正なプライスがあって、自由に売買できること）が低いわけです。流動性の低い通貨は有事の際に、値動きがめちゃくちゃ荒くなりますし、いざという場合に換金できなくなるリスクもあります。そのうえ、いわゆる新興国の通貨については、クーデターが起

こったり、突然、デノミ（通貨単位の変更）が行なわれたりするリスクもあります。

このような事態に直面したら、いくら高い金利収入が期待できるといっても、あっという間に為替レート自体が暴落してしまいます。結果、せっかく得た金利収入が吹き飛び、さらに元本にも大きく食い込むほどの損失を被る可能性が高いのです。したがって、「金利水準の高さに惹かれて買ってみる」というのもやめておいたほうがよいでしょう。

結論をいえば、為替のトレードで分散投資というのはまったく意味がありません。とくに、日本人の場合はクロス円といって、どうしても自国通貨として親近感のある円を介した通貨ペアの取引が中心となりますが、円に対してはどの通貨も同じ方向に動きがちで、ほとんど分散投資効果はありませんので、自分のトレードを複雑にしないためにも、避けたほうが無難です。

0-4 為替トレードは「我慢」するものではない

株投資で「塩漬け」をしている人は多い

サブプライムショックの直前、まだ日本の株価が上昇ムードに包まれていたころ、こぞって日本株を買った投資家のなかには、大きく値下がりした銘柄を、いまも持ち続けている人がいるはずです。

俗にいう、「塩漬け」です。

基本的には、株式でも塩漬けは避けるべきだと思います。１０００円で買った銘柄が50％値下がりして５００円になった場合、そこから元本を取り戻すためには、１００％値上がりしなければなりません。マーケットの環境が相当によければ、それも可能かもしれませんが、そうでない場合は１００％の値上がりを達成するのはほぼ不可能です。仮に元本を取り戻したとしても、それに10年以上の時間がかかったとしたら、その間は何も運用していなかったのと同じになります。

これほど、資金効率の悪い話はありません。

とはいえ株式の場合、現物であれば「あえて保有し続ける」という選択肢もありだと思います。現物を保有する場合、その会社が倒産しなければ、少なくとも価値がゼロ円になることはないのですから。

FXで塩漬けは大ケガの元

問題は、「塩漬け戦略」をそのままFXに持ち込んだ場合です。

FXの場合、株式投資に比べてレバレッジがかかります。レバレッジというのは、10万円の投資元本に対して、100万円、あるいは200万円分といった取引ができる仕組みのことです。ちなみに国内のFX会社では現在、最大レバレッジが25倍まで認められていますので、投資元本として差し入れた証拠金の額が100万円であれば、最高2500万円までの取引が可能です。

ただ、このレバレッジが曲者で、時には利益を大きく膨らませてくれる効果があるのですが、その反面で損失も大きくなるリスクを伴います。

仮に、1ドル＝80円のとき、100万円を証拠金にして、25倍レバレッジの取引をしたとしましょう。つまり2500万円分のドルを買うことができます。ドル建てにして31万2500ドルの買いポジションを持つことになります。

31万2500ドルのドル買いポジションを持った後、1ドル＝77円76銭までドル安・円高が進んだとします。1ドル＝80円からみて2円24銭幅のドル安は、結構簡単に進むものですが、このとき、先ほどのポジションにどのくらいの含み損が生じているのかというと、投資元本として預けた100万円の証拠金に対して、70万円の損失です。この時点で、多くのFX会社は「強制ロスカット」といって、自動的に投資家が持っているポジションを清算してしまいます。投資家からみればゲームオーバーになるわけです。

このように、高いレバレッジでポジションを持った場合、「含み損が生じているから塩漬けにしてしまえ」といって、そのままじっと我慢しているということができないのがFXの厳しいところです。上記のケースで強制ロスカットになったら、100万円の証拠金から損失額の70万円を差し引いた30万円しか、手元に戻ってこなくなります。ここまで損失を膨らませてしまうと、それを元の100万円に戻すのは容易なことではありません。

このように、高いレバレッジでポジションを持った場合には、塩漬けなどと悠長なことをいっていられないのがFXなのです。

外貨預金代わりなら話は別だが……

もちろん、やり方次第では、長期でポジションを持ち続けることも可能です。FXは手数料などの面で銀行の外貨預金よりも圧倒的に得ですから、FXを外貨預金のように考えて投資をしたいという方もいらっしゃるでしょう。

定しておけば気持ちやお財布にゆとりもできるし、次に入るポジションを増やしたり、他の通貨でのトレードチャンスもあったりするかもしれません。

そして、外貨預金代わりでFXの取引を行なう場合、本文にも書いたように、手持ちの資金に対して大きなレバレッジをかけた取引は行なわないことが大切です。最近の傾向を見ても、大体1年半から2年半に1度のペースで、マーケットが大きく混乱するような「ショック」が起きています。こうしたショックに巻き込まれたときに、そこで損切りしなければならないようでは元も子もありません。

そうではなく、ショック時の相場急落にも対応できるぐらいに口座の資金にゆとりを持たせておけば、マーケットが平静さを取り戻したところでナンピン買いを仕掛けることもできるでしょう。相場というものは負け始めるとさらに追い込んでくるものです。追い詰められないように精神的な余裕があったほうが、結果として成功につながるケースが多くなるものなのです。

column 1

外貨預金代わりのFX活用法について

外貨預金に近い感覚でFXを利用してみようと考えている方もいらっしゃると思います。確かにFXは為替コストが安いので、レバレッジを低く抑えて、外貨預金代わりに使うというのもよい手です。

外貨預金や外貨MMF、外貨建て債券などに比べて、FXのほうがはるかに臨機応変に売買を行なえる機動力はありますし、コストも安いので、お勧めです。

ただし、スワップポイント（金利）狙いで取引する際も、ただ漠然と保有し続けるだけではなく、為替変動によってある程度の利益が生じてきたら、やはり利食いは行なったほうが効率よく収益を上げることができます。

たとえば5円幅で利益が得られたならば、1年間で得られる金利よりもずっと多いのですから、そこでやめたとしてもすでに投資としては成功です。

また、相場というものは上がりっぱなし、あるいは下がりっぱなしでどんどん行ってしまうということはありません。上下動を繰り返しながらトレンドをつくるものです。大きく値が動いたときには、そこからさらに5円幅の利益が得られるというケースよりも、むしろある程度の調整が入る可能性のほうが高いものです。

ですから、いちばんよいのは、ある程度の値幅がとれたら、いったん利食って再び買いのチャンスがくるまで待つことです。利食いで売った値段よりも安く買い直すことができれば大成功ですし、そうでなかった場合でも利益を確そのような場合は、「ＦＸではレバレッジを使える」という考え方を捨てて、外貨預金と同じレバレッジ1倍、あるいは多くても2～3倍程度でポジションを持つ必要があります。その程度であれば、そう簡単に強制ロスカットされる恐れはありません。

たとえば先ほどと同じ１００万円の証拠金に対してレバレッジ2倍でドルを買っている場合を考えてみましょう。

この場合、先ほどのように証拠金のうち70万円を失うようなドル安の幅は、35円幅となります。さすがに、１ドル80円の水準から35円もドル安・円高に進むようなことは簡単ではありませんから、このポジションを長期にわたって持ち続けることを考えても、相場変動によって強制ロスカットとなる可能性はかなり低いといえるでしょう。しかも、外貨預金よりレバレッジが効いている分、利回りも2倍になるのですから。

このように、ＦＸを外貨預金代わりや、長期ポジションとして考える場合は、くれぐれもレバレッジは低めに抑えることが肝心です。

0-5 為替市場のメインテーマは通奏低音

通貨のファンダメンタルズは相対的なもの

株式の場合、株価を決定する要因として「ファンダメンタルズ」があります。ファンダメンタルズというのは、「基礎的要件」などと訳されるのですが、株式であれば、その企業の業績が該当します。これから業績がもう一段伸びると市場参加者が判断すれば、株価はそれを織り込みながら上昇します。逆に、これからしばらく業績が低迷すると判断すれば、株価は下落します。

では、為替のファンダメンタルズとは何でしょうか。経済の基礎的条件とは何でしょうか。

正直、為替のファンダメンタルズほど曖昧なものはありません。為替相場というのはそれぞれの国の通貨の交換レートですから、一般的には、「国力の強さ」がファンダメンタルズだと考えられています。しかし、国力が何を示すのかという点については、あまりにもさまざまな要因が絡んでくるため、判断したくても判断できないということになります。

仮に、景気の良し悪しを国力とみなして考えてみましょう。

たとえばトルコや南アフリカといった新興国の景気が絶好調だとします。一方、米国やユーロ圏といった先進国では、景気が後退しているとしましょう。

この場合、トルコリラや南アフリカランドといった、これら新興国の通貨が買われるかといえば、実は買われないケースが多いのです。景気のよい新興国には先進国からの投資資金が大量に流れ込んでいるケースが多くありますが、自国、つまり先進国の景気が悪化すると、逆に新興国に投資している資金を引き揚げようとします。その結果、新興国自体のファンダメンタルズは決して悪くないはずなのに、新興国の通貨が売られてしまうということが起こるのです。

トレードではファンダメンタルズは使えない

ファンダメンタルズをベースにした判断があてにならないもう一つの理由として、流動性の問題や、実態経済に比べてマーケットがオーバーシュートする傾向があることが挙げられます。

数カ月、数年といった長期でみれば為替相場はファンダメンタルズの影響を受けますが、数日から数週間程度というスイングトレードのスパン（時間の幅）においては、たとえばファンダメンタルズ的に好材料が出ると買われ過ぎ、悪材料が出ると売られ過ぎるといった傾向があるのです。

要するに、為替相場については、いわゆるファンダメンタルズはあてにならないというわけです。私の師匠の若林栄四に言わせれば、「為替は経済の関数ではなく相場である」ということです。しかし、マーケットには相場を動かしているメインテーマがあります。マーケットの注目度によって見え隠れしていても、それは常に底流にあるものです。オーケストラでいう通奏低音のように、常に流れ続けている音のようなものといえます。

このテーマは短ければ半年くらいで変わりますが、1年、2年と続くものもあります。

たとえば、2010年から現在まで続いているテーマは「ユーロ危機」です。ユーロ圏の債務危機がソブリン・リスクとして意識され、問題国の国債やユーロ売りの流れがトレンドとして定着しています。ユーロ危機は現在もくすぶっているように見えますが、このメインテーマもいつかは他の注目材料にとって代わられるものです。マーケットが一つのテーマで3年以上続いた記憶がないからです。

実は「ユーロ危機」というテーマはすでに終わっているのかもしれません。2012年7月にドラギ欧州中央銀行（ECB）総裁が「ECBの責務の範囲内でユーロを守るためにできることは何でもやる」との発言したことがきっかけでユーロ相場が底打ちしているからです。

そして9月のECB理事会で「問題国の国債の無制限の買い入れ」が決定されて以降、ユーロ圏の国債は大きく買い戻され、国債市場はすでに正常化しているからです。同様にユーロ／ドル相場も2012年7月の安値であった1・2042の安値を一度も更新していません。

ユーロ危機が後退しているなら次にくるテーマは何でしょうか？　2012年11月以降はっきりした動きが出てきたのは「円安」です。円安が市場のメインテーマとなるなら、相関関係の深いアメリカをはじめとする先進国の金利動向からも目が離せません。今後は円相場と関連の深い株式相場や金利動向を注意深くみていく必要があるでしょう。

市場の底流にあるメインテーマ「通奏低音」を常に意識しておくことは、大きな波動を見失わないためには重要です。

なお、テクニカル分析によらずにファンダメンタルズ分析などの材料重視でポジションを持っているときには、大勢派に身を置くリスク（世の中のポジションが自分と同方向に傾いている可能性）を常に意識して、利食いを優先すること、欲張らないことが大切です（第5章参照）。

0-6 「一般社会の常識的な行動」はトレードでも結構正しい

株の投資家が好きな「早耳情報」

株式投資の場合、「自分だけが知っている情報」が利益につながることもあります。自分だけが知っている情報という言葉の響き自体が胡散臭いのですが、株式市場に参加している投資家の多くは、こうした情報収集に目がありません。だから、株式雑誌などでも「耳より情報コーナー」のようなものが設けられます。

しかし、情報というものは雑誌などのメディアに載った時点で「誰もが知っているネタ」になりますが、市場参加者の深層心理として、「誰も知らない情報があれば、株式投資で儲けられる」という意識がありますし、実際、本当にインサイダーに近い情報を元にして投資判断を下し、利益を得ている投資家もいます（こういうのはもちろん違法行為となります）。

さて、為替の場合はどうでしょうか。

外国為替市場は日々の取引高が、株式市場と比べ物にならないくらい大きな規模を誇っています。おそらく、さまざまな金融マーケットのなかでも、最も流動性の高いマーケットといっても過言ではありません。

とにかく、外国為替市場は日々の取引高が6兆ドル規模といわれていますから尋常ではないくらい大きいので、意図的に相場を動かすことができません。したがって、外国為替市場には、株式市場にあるといわれているような「早耳情報」は存在しない、あるいは何か素早く情報を入手する手段があったとしても、長時間は通用しませんから、それを自分の利益につなげられるほどには有効ではない、といってよいでしょう。

情報は素直に受け取ること

その意味では、外国為替市場は「常識的な判断」が通用するマーケットともいえます。常識的な判断は何を基準に考えればよいのか、ということですが、これについては社会現象が参考になります。社会現象というのは、何かが極まったところで出てくることが多いので、マーケットのピーク、ボトムの判断材料になります。

たとえばドルが急落し、1ドル＝77円、76円というようにドル安が進むと、必ずといってよいほど、外貨の両替窓口が混んだり、銀行の窓口で外貨預金口座を作成する人たちが、列をなすようになります。このような現象を見たら、そろそろ円安に転じるだろうという判断につながります。あるいは、新聞の1面トップに「円、最高値更新！」といった見出しが連日出るようになったときも、大体、当面の円高のピークであるのが普通です。

何だかおかしいな？　と疑問に思うことも大切です。たとえば、円高傾向が続いていた２０１１年の夏、海外のメーカーがブランド品の国内価格を一斉に引き下げました。ようやく円高還元の動きが強まってきたところです。ところがそんななかでスイスの宝飾メーカーは日本での販売価格を５％も値上げしたことがテレビで報じられたのです。確かに当時は円とスイスが独歩高でしたが、みなが値下げしているのに価格を据え置くのではなく、値上げするのは違和感があります。つまり、スイスフランがちょっと高すぎるんじゃないのか？　と疑問に思ったわけです。スイス国立銀行が対ユーロでの上限を１・２０とする通貨防衛策を発表し、その後スイスフランが対円でも急落したのはそれから10日も経っていませんでした。

つまり、早耳情報やインサイダー的な情報をとろうとしてあくせくしなくても、世の中に出回っている情報をほんの少し注意深くみる観察眼さえもっていれば、売り買いの判断についての大きなヒントを容易に得ることができるのです。こういうオープンなところが為替相場のよいところでもあります。要は、普通に生活しながら、素直に判断すればよいのです。

プロの意見の「行き過ぎ」に注意

したがって、ついつい怪しげな情報が気になったり、穿ったモノの見方をしてしまいがちになったりする株式投資に比べれば、為替相場のほうが取り組みやすいといえるのです。逆に、株式投資の経験のあるベテランの方は、株式投資のときの癖で穿った見方をすると、為替相場の本質を見失う可能性があるということには注意が必要です。

ちなみに、社会現象を判断材料にする際の注意点をひとつ挙げておきましょう。それは、「社会現象などから判断する際には、エコノミスト、いわゆる経済のプロと呼ばれる人たちの意見は参考にしないほうがよい」ということです。

おそらく、為替レートが1ドル＝77円、76円というようにドル安が進むと、プロといわれている方は、もっともらしい理由をあれこれつけて「もっとドル安が進む」と言うことでしょう。しかし、相場は一方向へずっと動くのではなく行き過ぎたら戻ってくるものです。ですから、「常識的に、素直に」判断したいときには、あまりこうしたプロの発言に惑わされないようにすることが大切です。

第1章

エントリーのテクニック

THE PROFESSIONAL METHOD IN FX TRADE

1-1 スイングトレードとは何か

「自分のトレードスタイル」が大切

外国為替市場は24時間、世界中のどこかで取引が行なわれているマーケットです。それこそ土日を除いて四六時中、外国為替取引を行なうことができます。

ただ、若者であれば夜も寝ないでトレードをしても大丈夫なだけの体力があるでしょうが、年をとるにつれてどんどん体力は落ちていきます。それとともに集中力も途切れがちです。

為替のトレード、とりわけ短期のトレードになると、やはり集中力が大切です。したがって、ある程度の年齢になってからFXのトレードを始めるのであれば、大きな波をとらえるスタイルで、自分の得意なパターンを決めてしまって取引するのが得策でしょう。

第5章で書きますが、トレードでやられるパターンのひとつに「自分のスタイルを変えてしまう」というものがあります。たとえば、スキャルピング狙いで始めたトレードを、途中から2～

3日狙いに変更したり、逆に2～3日狙いでエントリーしたトレードで値動きをみているうちに不安になって数時間で損切ってしまったりといったことです。自分がいつもやっているトレードスタイルと異なることをやろうとすると、狙う値幅の感覚が異なったり、利食いや損切りのタイミングをうまくとれなかったりといったことが起こりがちなのです。とくに、短期を前提にやっていたトレードを長期に変える場合は、大きくやられて致命傷を負ってしまうこともあるので注意が必要です。

これを逆にいえば、勝つためには自分のトレードスタイルを固めて、そのやり方に慣れていく必要があるということです。それぞれのトレードスタイルにより、エントリーや損切りの仕方、レバレッジのかけ方などが異なってくるからです。

日足をベースに200ポイント以上を狙う私のスタイル

私のトレードは以下のようなスタイルです。

- 2～3日から1週間ぐらいのポジションを前提
- 基本はトレンドフォロー
- トレンド転換の判断は、日足の形状、トレンドラインと200ポイントリバースを参考にする。同時に、月足、週足で中・長期トレンドもチェック（エントリーが大きな流れに対して順張りか逆張り

かを確認しておく）

- 条件が整えばアヤ狙い（ただし、アヤ狙いする場合は利食いを早めに、損切りも浅く）
- 2円幅（200ポイント）以上の波を狙う
- 損切りも最大で2円幅（200ポイント）ぐらいは想定しておく
- エントリーは、日足の寄り付きでエントリー。寄り付きで入れなかった場合は、日中の「時間足のマド」を活かして押し目、戻りを待ってエントリー。あるいはアヤを狙ったトレードチャンスを探す（5分、10分足まではみない）
- レバレッジは、通常は5～10倍、チャンス時には20～25倍まで
- トレンド判断が正しければ利乗せして大きな収益を狙う。利乗せは、揉み合い、上下のポイントを抜けたところで実行。寄り付きだけではなく、日中の動きのなかでも「抜けた」と判断したところで積極的に行なう。利乗せを行なった場合は、ダマシの可能性に備えて、前日足の安値、あるいは高値を若干はずれたところに逆指値を置いて、ついた場合はすべてのポジションをいったん手仕舞う（プロフィットセーブにつなげるため）。逆指値がついても、トレンドが変わらなければ（200ポイントリバースしていなければ）、最初からポジションを建て直す
- ナンピンする場合は逆指値に近いところで1回限りで行なう（ただし大きな流れに対して順張りでトレードしている場合に行ない、逆張りの場合は基本的にナンピンしない）
- エグジットのオーダーは基本的に逆指値（結果として損切りになる場合と、利食いになる場合がある）。逆指値の有効期限は「GTC（Good Till Cancel）＝無期限」とし、損切りがついたらすべてのポジションについて実行する

●エグジット（利食い）を指値で行なうときは最終ターゲットか重要なチャートポイントに置く

デイトレードでは小さな利益を積み重ねるために回転を増やす必要があるのに対して、オーバーナイトのスイングトレードは、昼間別の仕事をしていても手がけやすいし、経験上、長い目でみたらデイトレよりも儲かると考えているからです。

これは私の経験でもあるのですが、為替のトレードの魅力というのは、やはり大きなトレンドをとらえて、第3章で解説する利乗せやナンピンなどのポジション操作も含めて、リスクをコントロールしながら大きな収益を得ることにあると考えています。波に乗る感覚を一度でも体験すれば、みなさんにもきっと「利乗せ」の大切さとトレードの楽しさがわかっていただけるのではないかと思います。

ただし、万人に合うトレード法というものはなく、100人いれば100通りの方法があってもよいので、自分に合う方法やトレードのリズムをみつけていくとよいでしょう。どういうやり方をするにしても、大切なことは、長く続け、利益を残すことです。

本章では基本的な波動のとらえ方（テクニカル分析）、エントリーの方法について紹介しています。みなさんにはこれをベースにして試行錯誤しながら自分自身に合ったトレード法をみつけていただければと思います。なお、ギャンブルのように、大勝ちしたり大負けしたりすることそのものを楽しみたいという人は、趣味としてはそれでよいと思いますが、本書ではそのような方に面白いトレード手法は紹介していません。

1-2 エントリーでいちばん大切な「チャンスを待つ」こと

「自分の形」を待ち、チャンスがきたら果敢に攻める

トレードをするうえで、どのタイミングでポジションをつくるか、つまりエントリーのタイミングを図るというのはとても大切です。最初の入り方が上手くいけば、それだけでも精神的に安定しますから、利食いまですべての流れが上手くいくことが多いのです。

それだけ大切なエントリーをうまく行なうコツは何でしょうか。「上がると思えば買え、下がると思えば売れ」と師匠である若林栄四はよく言います。私の場合は、エントリーの仕方とはやや逆説的な言い方になりますが、「エントリーのためのチャンスを待つこと」だと思います。これは25年間のトレード経験のなかで、失敗を繰り返しながら学んだことです。

みなさんも経験があるのではありませんか？

「買い」と思って買ったら下がってしまい、ポジションを取った方向は正しかったのに損切り

が先についてしまったケースや、待ちきれずにエントリーして持ち値の悪い期間が長くなってしまい、その結果、疑心暗鬼になって、予測どおりの方向へ相場が走り始めたときには、始まったばかりのトレンドにもかかわらず早めに手仕舞ってしまったケース――。私自身もこうした失敗を数えればきりがありません。そうした失敗を重ねてきた長い経験のなかで、「待てばチャンスは必ずやってくる」ことを学んだのです。チャンスというのは「自分の形」です。

したがって、チャンスを待つ忍耐力が、ＦＸトレードで勝つためには最も必要だと思います。

そしてもう一つ大切なことは、チャンスがきたときには、果敢に攻めることです。これが流れをつかむことにつながります。

チャンスがきたからには迷ってはいけません。たとえば２０１２年11月以降のドル円相場のドルの急騰は長期的なトレンドが転換したことを告げています。「ここぞ」と思ったら機を待つのではなく果敢に攻めなければいけません。そうしないといつまで経っても波に乗り遅れてしまうからです。そのメリハリが大切なのです。

「トレンド判断」がエントリーのきっかけ

トレードで大事なのは平常心です。そして平常心を保つためには心の拠り所が必要です。確たるものがないと相場に飲まれて右往左往してしまうからです。そのためには、「自分がポジションを持っていることに対する理由」を明確にしておくことが大切ですが、その理由こそ「トレンドを判断する基準」です。

なぜなら、為替のトレードにおいて大事なのは、トレンドに乗ることだからです。したがって、ポジションを持っているということは、トレンドに乗っていると判断していることが前提になります。逆に、トレンドに乗っているかどうか不明なときには、アヤ狙いをのぞけば、ポジションを持っていてはいけません。

だとしたら、エントリーするのにいちばんいいチャンスはトレンドが変わる節目です。

何を基準にそれを決めたらよいのでしょうか。そのための指針は以下のとおりです。

- **相場は波動。材料（経済指標、その他の要因）で動くのではないということ**
- **テクニカル分析の利用は材料に振り回されないための座標軸だということ**
- **テクニカル分析を活用すればトレードの勝率アップを図ることができるということ**
- **ローソク足チャートだけでもトレンドの節目を把握できること**

ファンダメンタルズ分析は材料の良し悪しが誰にでもわかるため、こればかりに頼っていると流れの変化に気が付かないことが多いものです。積み上がったポジションが買われ過ぎや売られ過ぎにつながり、相場が反転したことに気付かずに対処が遅れる危険性があります。

これに対して、テクニカル分析を併用していれば、人と同じことをやっていても「大勢派に身を置くリスク」（第５章参照）を軽減することができます。

テクニカル分析はさまざまな材料を無視するところから始まるため、雑音が聞こえない分、トレンドが変化したときにいち早く対応できるメリットがあるのです。

また、テクニカル分析を用いるにしてもちょっとした工夫をすることも心がけましょう。たとえば、移動平均線にしてもいくつかの移動平均線を組み合わせてみたり、単純移動平均線を応用する場合も日数を変えてみたりするなど、教科書どおりのやり方にとらわれずに自分自身でも試行錯誤してみることです。いろいろ試すなかで相場のトレンドを判断するうえで効果的なものがきっとみつかるはずです。

先にも書いたとおり、私は「相場で勝つためにはトレンドに乗ることが大事」だと考えています。まずは大きなトレンドのなかで自分がいまどちら側にいるのかをきちんと把握することです。当然、大きなトレンドと同じ方向へポジションをとったほうが有利になります。

そしてトレンドに乗るためには迷わずエントリーすること、そして腹八分目で降りることが大事です。

トレードとは縄跳びのようなものです。縄跳びでも、入るタイミングを逃したり出るタイミングを間違ったりしてしまうと、なかなか上手に飛び続けることはできません。逆に上手にリズムをつかむことができていれば、入るのも出るのもスムーズにできます。

トレンド判断の基準はテクニカル分析

相場において、そのリズムをつかむために活用したいのがテクニカル分析だというわけです。

みなさんは、テクニカル分析と聞いてどう思うでしょうか。

「あまりにもたくさんの種類があり過ぎて覚えるのが大変」「解釈の仕方がむずかしくて自分には無理」と考える方も多いかもしれません。しかし、実際にはそれほどむずかしいものではありません。

最近は、個人投資家のあいだにもテクニカル分析が広まってきていて、雑誌や本でもいろいろな手法が紹介されています。MACDやRSI、ボリンジャーバンドなど、海外から入ってきたテクニカル分析の手法も多く、どれを使えばよいのかで迷ってしまうケースも少なくないようです。

しかし、数多くのテクニカル分析の手法を理解する必要はありません。それよりも、自分自身が使いやすいものをいくつか知っていれば十分です。大事なことは、幅広く薄く何でも知っているよりも、少なくてよいから自分が信じて使いこなせるツールを持つことです。

プロの為替ディーラーも、実はそれほど凝ったテクニカル分析の手法を用いているわけではありません。意外に単純なものを使っているケースが大半です。しかし、プロはそれをいつも使うことによって、徐々に自分の使いやすいようにブラッシュアップしていきます。それが、つまり「使いこなす」ということなのです。

以下では、私が普段から使っているテクニカル分析のなかで、「トレンドを判断する基準」としてお勧めの方法をいくつかお教えします。本章で解説する「エントリー」に使うほか、「エグジット（利食い、損切り）」「ポジション操作（利乗せ、ナンピン）」にも活用する、トレードのための基本的な道具です。

トレンド判断の基本は「トレンドライン」

シンプルでいちばん役に立つトレンドライン

日足でチャートをみて、トレンドラインを下に抜けたところ、あるいは上に抜けたところからエントリーするというのが基本です。

トレンドラインの描き方は、上昇トレンドにあるときは、2つ以上の安値と安値を結んだラインを、下降トレンドにあるときは、2つ以上の高値と高値を結んだラインを引きます。安値と安値を結んだラインが下値支持線（サポートライン）で、高値と高値を結んだラインが上値抵抗線（レジスタンスライン）になります（48ページ**図表1－1**）。

過去の経験則からいえば、日足で15～20手ほどで短いトレンドが転換するというケースが多くみられます。15手というのは日足で15本の意味ですから、15営業日程度ということです。また、ローソク足が2本、3本程度でもトレンドラインは引けますが、多くのポイントを結んだライン、

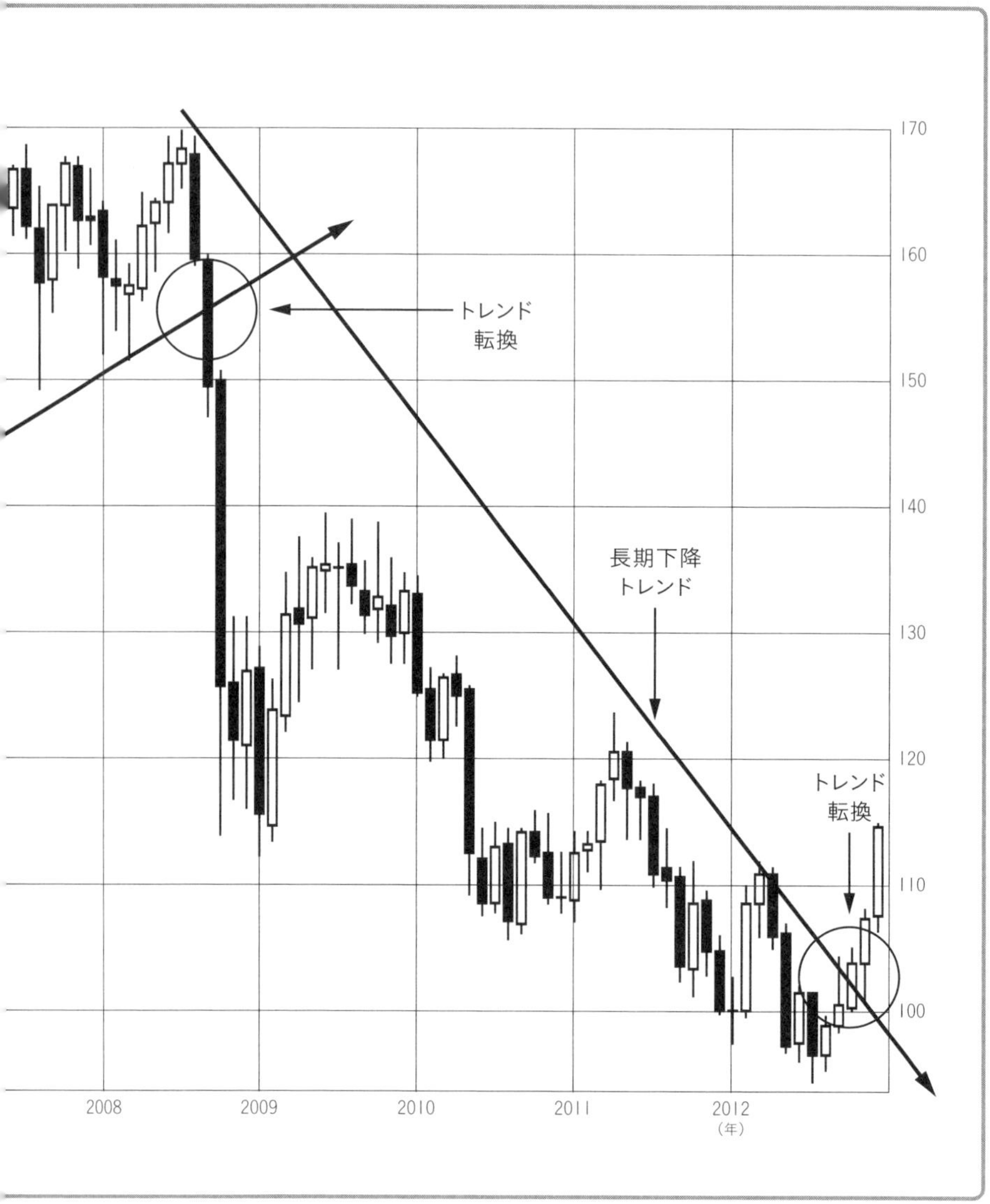

170
160
150
140
130
120
110
100
トレンド
転換
長期下降
トレンド
トレンド
転換
2008
2009
2010
2011
2012
（年）

図表1-1 ●トレンドラインで相場の流れがわかる（ユーロ／円 月足チャート）

長めの時間枠チャートのラインのほうが、より強いトレンドとなります。

そして、上昇トレンドを描いているときに、日足がトレンドラインを上から下に抜けたとき、下降トレンドを描いているときに、日足がトレンドラインを下から上に抜けたときには、トレンドが変わったという判断を下します。

日足の終値で判断する

「抜けた」というのは、日足の終値ベース（NYの引値）で判断します。日足の終値がトレンドラインを抜けたら、翌日の寄り付き、すなわち東京時間の午前9時に、エントリーします。これは素直にエントリーすることが大切です。NYの引けから東京のオープンまでにはオセアニア市場がありますが、ここでのレートは無視したほうがよいため、この本で「寄り付き」と書いている場合には東京時間の午前9時を指すということについては第4章で解説します。

また、日足のトレンドラインだけでなく、週足、月足でもできるだけトレンドラインを引いておきます。

大きなトレンドをとりにいくわけですから、チャートは長いものから順にみていって、中長期のトレンド方向感を探っていくことが大切です。たとえばドル／円の動きをみていると、大きなトレンドのなかに、2カ月サイクルくらいの小さな波があります。それをうまくとらえていけば、スイングトレードで効率よく収益を上げることができる確率が高まります。

また、自分が日足（短期）をベースにトレードするとしても、週足（中期）のトレンドに対して順張りなのか逆張りなのかにより、第2章で解説するように利食いや損切りの考え方が異なってきますので、その意味でも中長期のトレンドを押さえておくことが大切です。

1-4 ローソク足はこの形だけを覚えておこう

相場の流れを教えてくれる

ローソク足は陽線と陰線、そして寄り引け同時線（寄せ線）の3種類しかありませんが、バーチャートなどと異なり、騰勢や劣勢が一目瞭然でわかるのがメリットです。チャートを広げてみてください。陽線が多ければ白が目立って上昇トレンドであることがわかりますし、逆に陰線が多ければ下げ相場とわかります。

これに加えて個々の足や組み合わせ足のなかには相場の方向性を示唆するものも多くありますから、これらの特徴のある足をいくつか覚えておくと重宝します。ローソク足はチャートの「顔」をみることが方向性を探るための大きなヒントになるのです。

①タクリ足

寄り付きから下値攻めの動きが強まって大きく値を下げたものの、途中から買い戻しの動きが優勢となり、結果的に寄り付き水準から少し下で実体の小さい陰線、あるいは寄り付き水準より少し上で実体の小さい陽線引けとなった形をいいます。

下値攻めの失敗の反動から翌日は上値攻めの動きに切り替わることが多いとされています。とくに長く続いた下げトレンドのなかで、これが出現した場合は底値圏を暗示するものとされています。

②首吊り線

①と同じ形ですが、出現した場所が異なり、上昇トレンドが長く続いた末に出たものをいいます。下値攻めに失敗したため翌日にさらなる上昇を期待して飛びつき買いをしたい誘惑に駆られますが、この場合は、「ここを買ったら首吊りもの」といわれるように、高値づかみとなる可能性が高いとされることから、トレンド転換の兆しであるとされるものです。

③孕み寄せ線と抱き線

前日足の実体内に十字線が入り込んだ形を孕み寄せ線といいます。一つのトレンドがあ

タクリ足と首吊り線

下げトレンド中に出るとタクリ足
上げトレンド中に出ると首吊り線
➡トレンド変化の可能性

る程度経過したところでこれが出ると、トレンドが変化する兆しとなることが多いものです。この十字線は必ずしも前日足に値幅がすべて入り込んだものではなく、一部入り込んだ場合にも有効です。

同様に寄せ線が翌日足の実体内に入り込んだ形を抱き線といいます。これも天井や底に出現してトレンドが変化する兆しとなることが多いものです。また、これらが週足で出た場合は中期的なトレンドの変化につながりやすくなります。なかでも陽線と寄せ線の組み合わせ足が底値圏で出た場合は上昇へ、陰線と寄せ線が高値圏で出た場合は反落につながることが多いようです。

④カブセ線

前日の陽線引けから勢い余って上寄り後、上値を攻めきれずに前日の陽線の実体の半分以下まで押し戻されて引けた陰線をいいます。

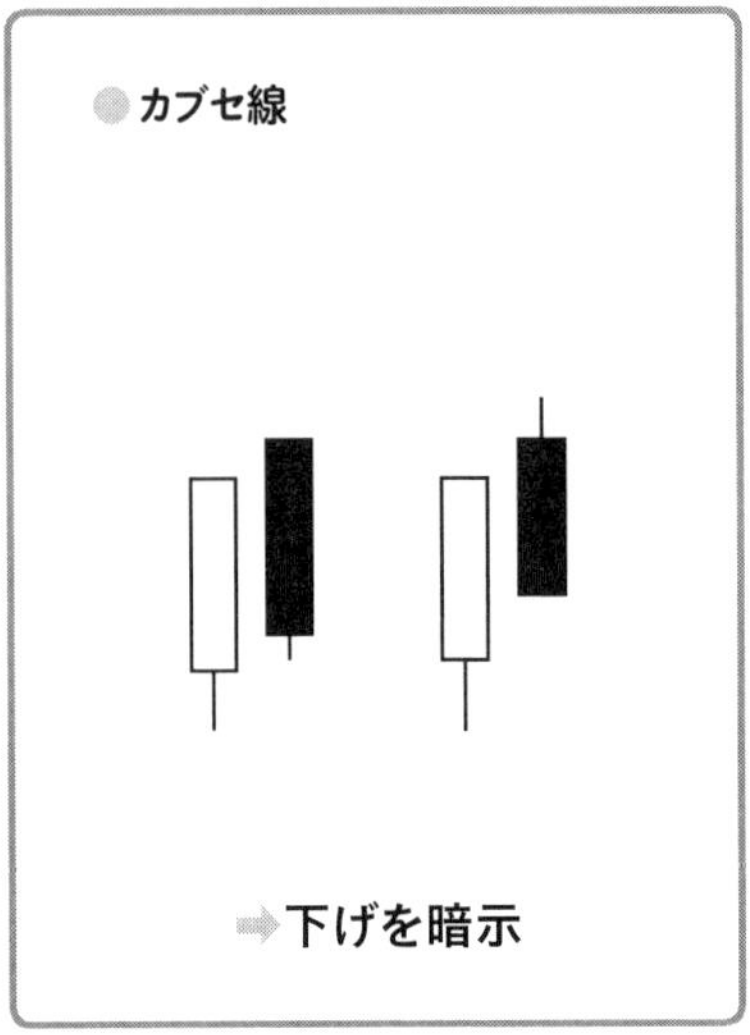

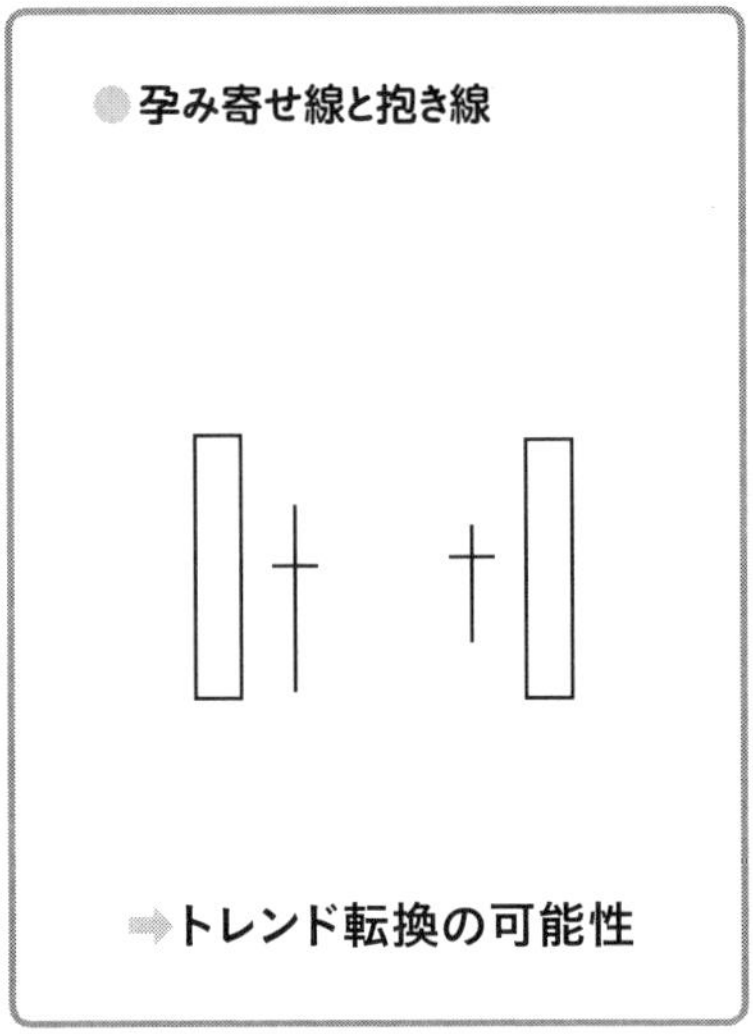

カブセの陰線は翌日も下げる傾向が強いとされる足です。

⑤極線

値幅も実体も非常に小さい足のことをいいます。単体では方向性を示すものではありませんが、これがいくつか連続すると値動きの収縮とともに一方向へ抜け出すことも多く、トレンド変化の兆しとして注意しておくといいでしょう。

⑥三空

一つのトレンドが始まったばかりで相場に勢いがあるとき、前日足から上寄りしてそのまま空（マド）を空けることがあります。これが3つ空いた状態を三空と（さんくう）といいます。ここまで盛り上がれば相場もそろそろ落ち着くか、転換する頃合とみて絶好の利食い場とされています。

●極線

➡トレンド変化の可能性

●三空

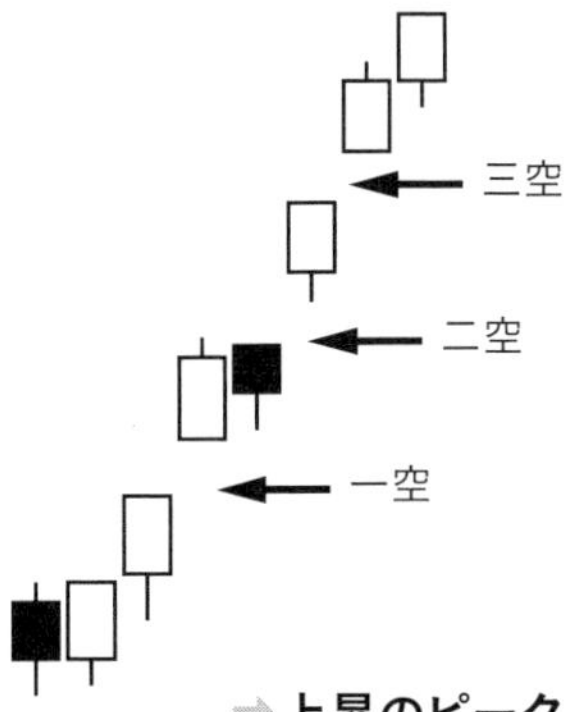

➡上昇のピーク

⑦ダブルトップ（逆はダブルボトム）

二番天井（逆は二番底）ともいいます。二番天井をつけた後は大きく値を崩す傾向にあります。

⑧トリプルトップ（逆はトリプルボトム）

3つの山で天井圏を形成後、大きな下げトレンド入りする形です。3つ目の山の値幅がいちばん大きく、底も深くなるとされています。仏像が三体並んでいるようにみえることから三尊天井ともいわれます。

⑨鍋底（60ページ参照）

底値圏で長期間の揉み合いを経て立ち上がった形で、長期上昇トレンド入りにつながるとされます。

⑩団子天井（60ページ参照）

鍋底の逆の形で、高値圏での揉み合いの後で、下落トレンド入りするものですが、揉み合い期間が長いほど急落につながりやすく、底も深くなります。

⑪その他

上ヒゲの長い足は上値攻めに失敗して押し戻された形で、陽線で終えた場合は翌日の上昇余力が限られる傾向に、陰線で終えた場合は続落につながりやすくなります。逆に下ヒゲの長い足は

● ダブルトップ（二番天井）

➡ 天井の可能性（逆なら底入れの可能性）

● トリプルトップ（三尊天井）

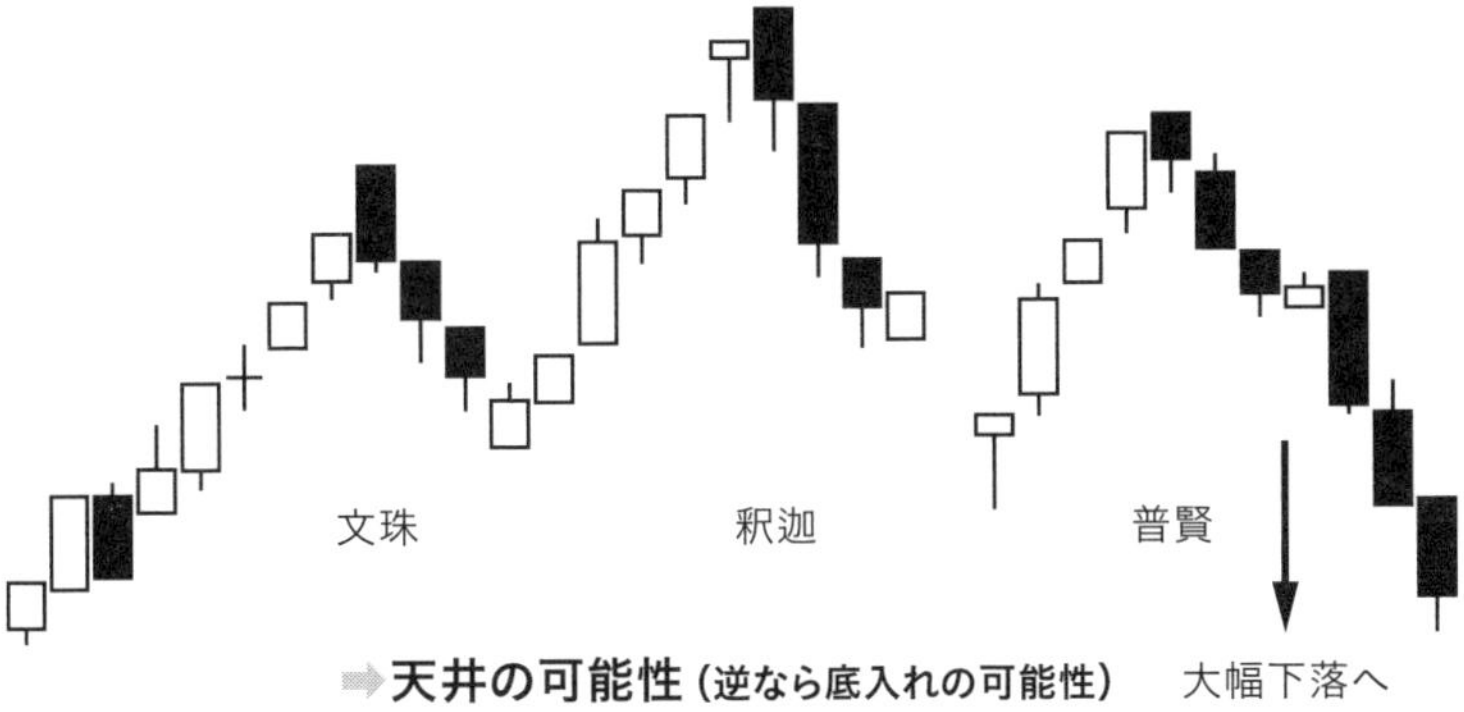

➡ 天井の可能性（逆なら底入れの可能性）

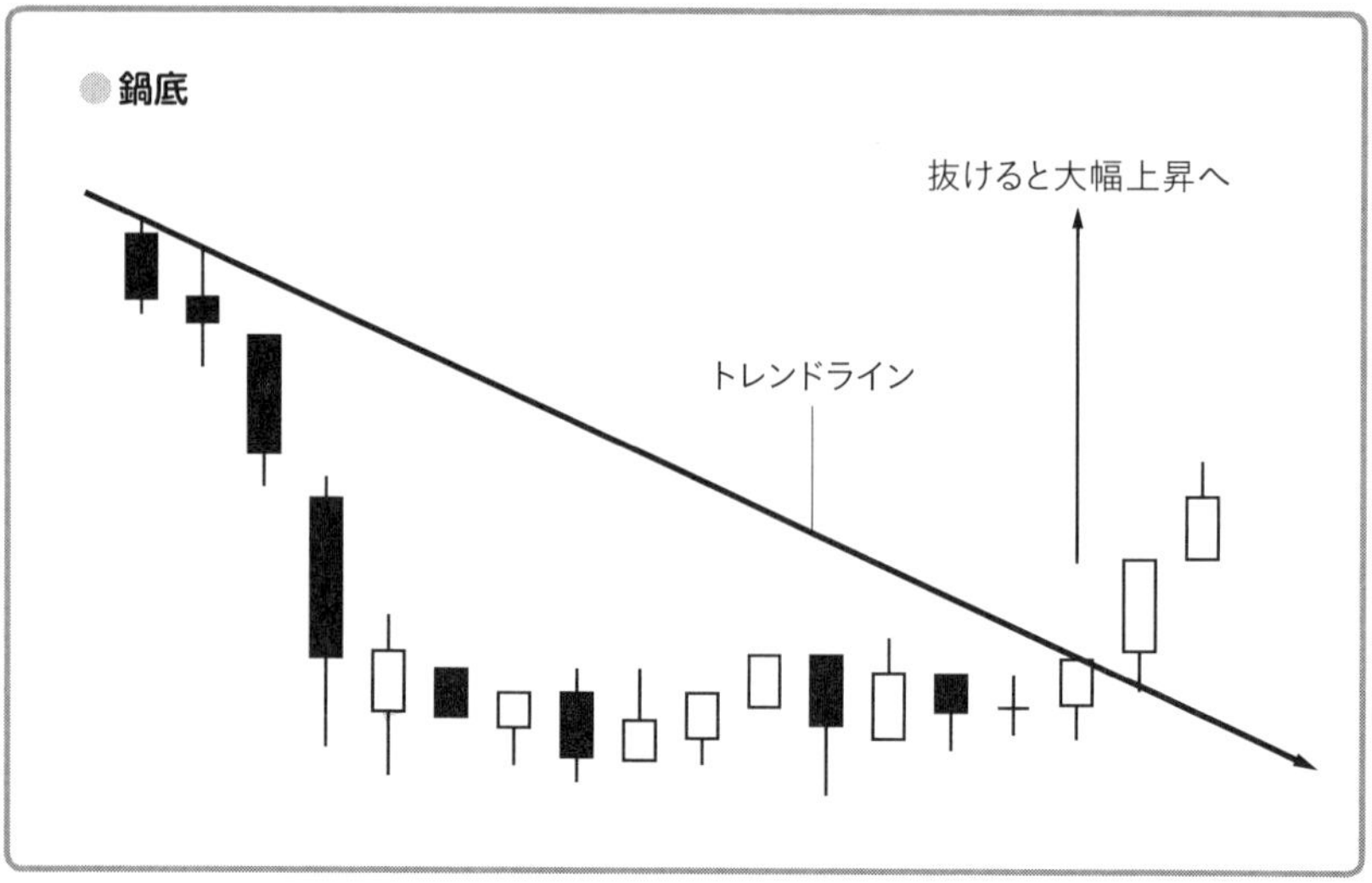
鍋底
抜けると大幅上昇へ
トレンドライン

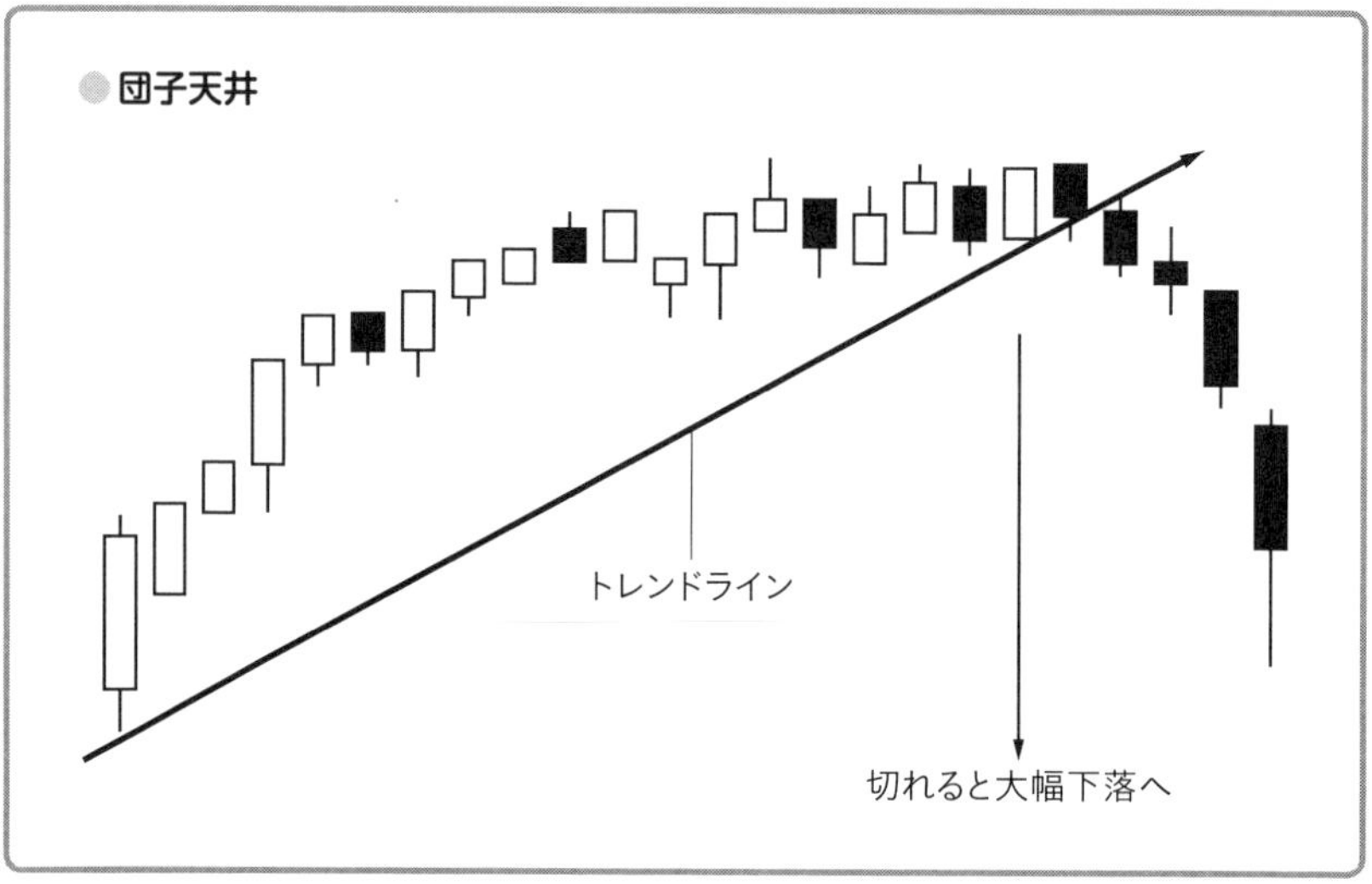
団子天井
トレンドライン
切れると大幅下落へ

下値トライに失敗していますから、陽線であれば続伸に、陰線であれば下げ渋りの傾向が強くなります。

ドル／円、日足チャートでここで説明したいくつかのローソク足の形が出たものが60ページの**図表1-2**です。

もちろん、こうした形は週足でも同様で、週足で出た場合は日足よりも長時間トレンドが持続する傾向があります（62ページ**図表1-3**）。

31カ月移動平均線は利用価値が大きい

テクニカル分析としていちばん一般的なものが移動平均線で、当たり前過ぎて面白くなさそうですが、為替トレードでは意外に役立ちます。

64ページの**図表1-4**をみると、月足の実体ベースが31カ月移動平均線より下にあれば、ドル安円高、上にあればドル高円安トレンドの傾向が強いと読みとれます。さらに、トレンドラインで上昇や下落トレンドを把握し、これに31カ月移動平均線を組み合わせることにより長期トレンドを判断する確度を高めることができます。

２００７年6月の１２４円台からの5年サイクルのドル安円高トレンドは２０１２年2月にトレンドラインを上抜けていますが、31カ月移動平均線を実体ベースで上抜けてきたのは２０１２

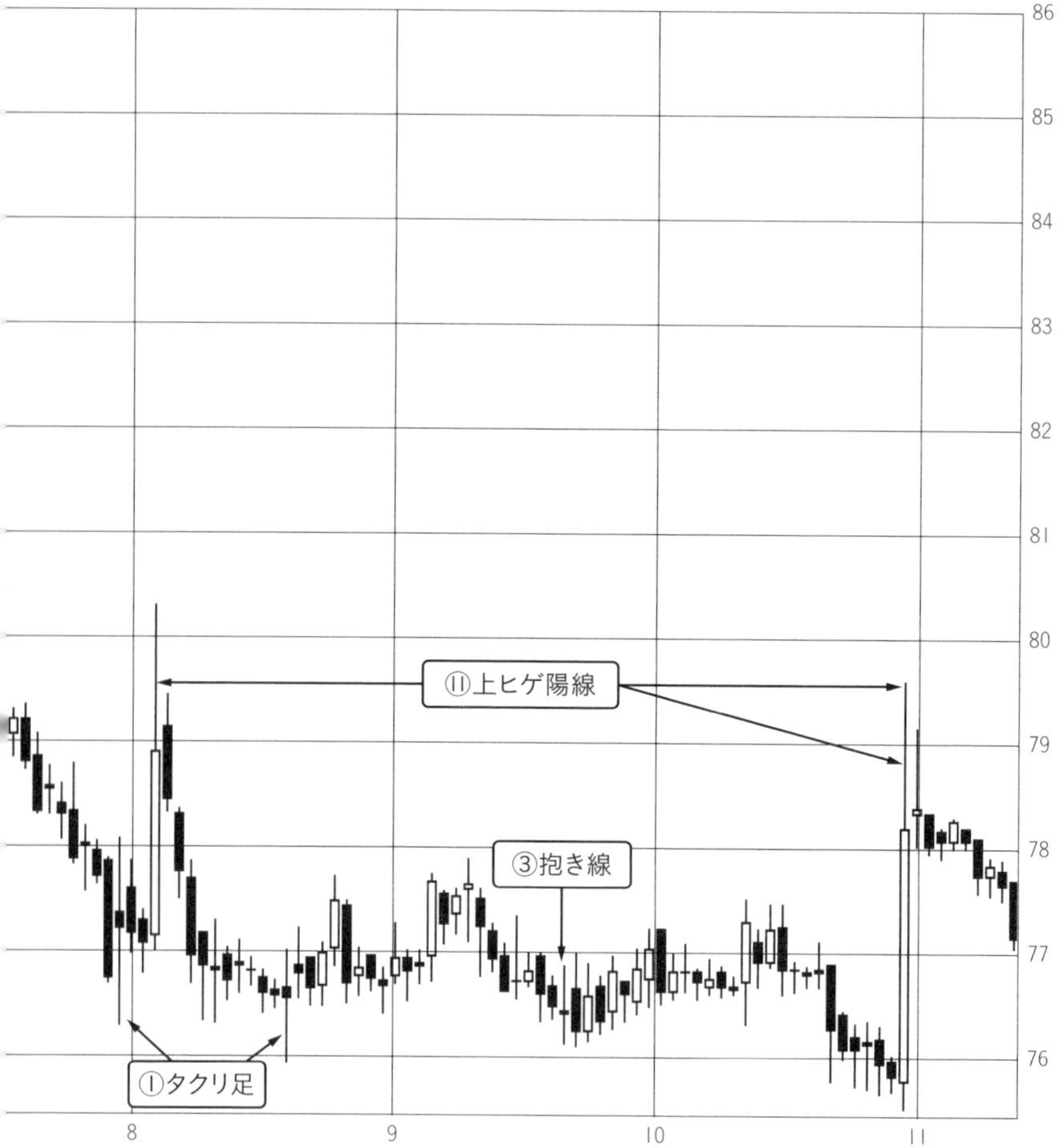
86
85
84
83
82
81
80
79
78
77
76
⑪上ヒゲ陽線
③抱き線
①タクリ足
8
9
10
11

図表1-2 相場の流れを教えてくれる個別足、組み合わせ足（ドル／円 日足チャート）

⑪上ヒゲ
④カブセの陰線
④カブセの陰線
⑥三空
三空は利入れの急所。
本来まったく前日足と
値が重ならないものだが、
翌日足が前日足の実体に
届かなかったものを「空」として
カウントしても有効
①タクリ足
4
5
6

③抱き線
タクリ足と間違いやすいが、
陰線の実体も大きく
下げエネルギーがより強いもの
①タクリ足
125
120
115
110
105
100
95
2007.1
4
7
10
2008.1
4

図表1-3 個別足、組み合わせ足の意味はチャートのどの時間軸でも同じ（ドル／円 週足チャート）

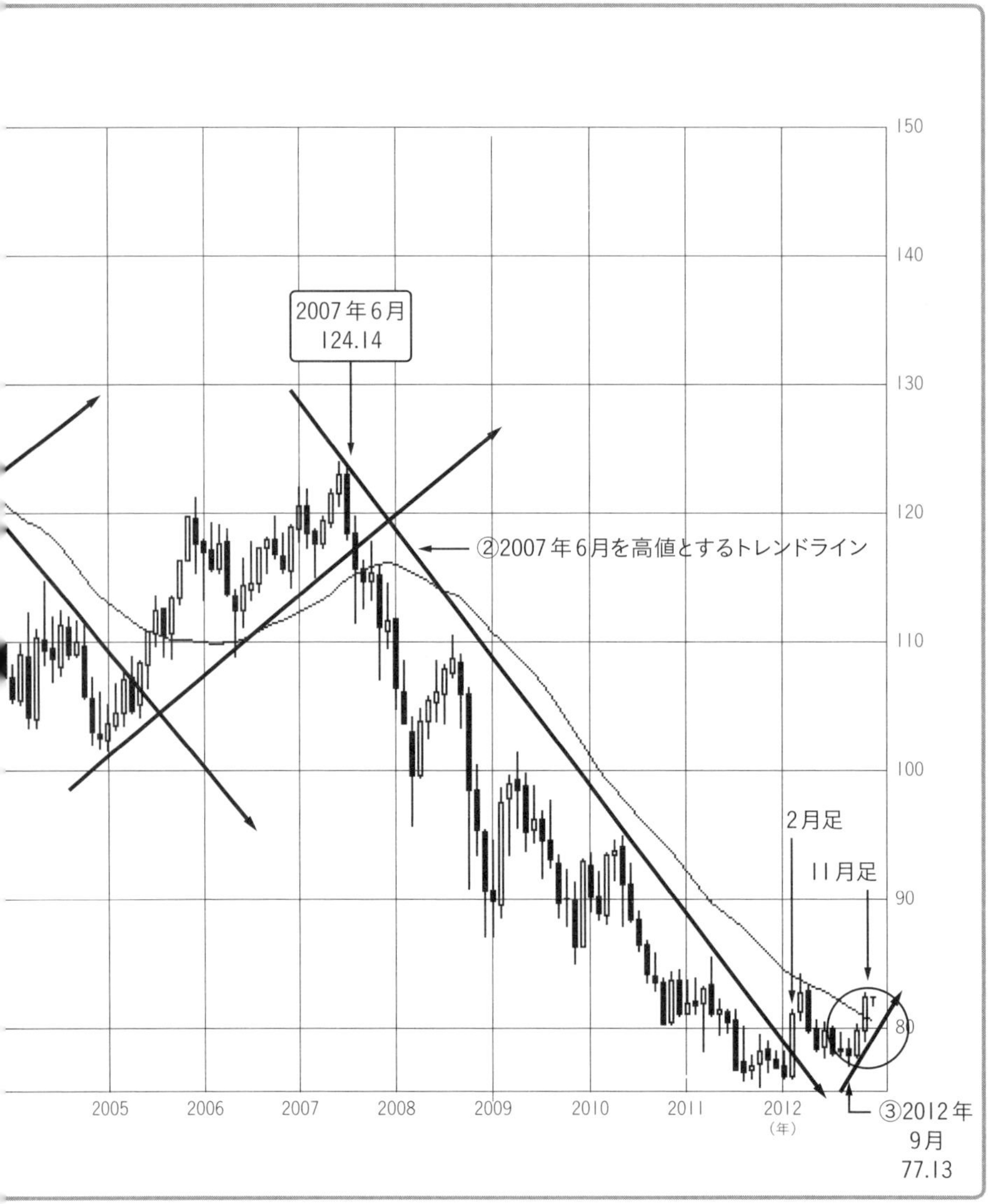

150
140
130
120
110
100
90
80
2007年6月
124.14
②2007年6月を高値とするトレンドライン
2月足
11月足
2005
2006
2007
2008
2009
2010
2011
2012
（年）
③2012年
9月
77.13

図表1-4 ● 単純移動平均線とトレンドラインで長期トレンドを把握できる (ドル/円 月足チャート)

年11月足です。

同じチャートの左側のほうにある1995年の79・75を底値として立ち上げた相場が31カ月移動平均線を抜けたのは6カ月後の10月足(丸印)。ここから1998年の147円台まで一度も31カ月移動平均線を月足の実体で下抜けていません。

今回の相場は、2012年2月に立ち上げ、9月足で二番底、11月足で長期立ち上げを確認。長期ドル高円安局面に入ったばかりといえるので、31カ月移動平均線を下抜けない限り、少なくとも2〜3年はドル上昇基調が続くことが予想されます。

このように、ローソク足とトレンドライン、移動平均線は、テクニカル分析の基本です。これらを使いこなして、まずはトレンドをつかむようにしましょう。

これらをベースに、トレンドに逆らわないことをトレードの基本スタイルとし、必要に応じて利乗せ、ナンピンでポジション操作をします。そして、利食い、損切りの効果的なやり方をマスターするのです。とてもシンプルでベーシックなトレード法ですが、これだけを徹底することで、勝ちに一歩近づくことができます。

1-5 トレンド判断の目安となる「ポイント&フィギュア」

ポイント&フィギュアとは何か?

テクニカル指標を用いて相場の分析を行なう場合、一つのテクニカル指標ではなく、複数のテクニカル指標からみて、本当にその判断が正しいかどうかを確認したほうが、さらに拠り所としての信頼度は高まります。私の場合は、セカンドオピニオンとして「ポイント&フィギュア」を活用しています。

ポイント&フィギュアとは、ローソク足のように時系列で推移していくものではなく、価格が一定方向にいくらの幅で動いたところで新しい足を付け加えていくという、非時系列のテクニカル指標です。○と×で表示されている、一見するとちょっとわかりにくいチャートです。

ポイント&フィギュアについて、もう少し説明しておきます。

一般的には、為替レートが上昇したときには「×」、下落したときには「○」をマス目に入れていきます。したがって、まずはこのマス目1枠分がいくらに該当するのかを決める必要があります。1枠分をいくらにするかは、人によってさまざまです。20銭（20ポイント）の人もいれば1円（100ポイント）の人もいます。この部分が小さければ小さいほど、ダマシに遭う確率が高まります。逆に、大きくすると、今度はなかなか売買サインが出ないことになります。一般的な見方は**図表1－5**のようなものがあります。

私の描き方と使い方

ポイント&フィギュアを使うにあたっては、ダマシを減らすとともに、ある程度、サインが出やすくなる価格はいくらなのかということを考える必要があるのですが、私の場合は、短時間のトレードの参考にする

図表1-5 ● ポイント&フィギュアの一般的な見方

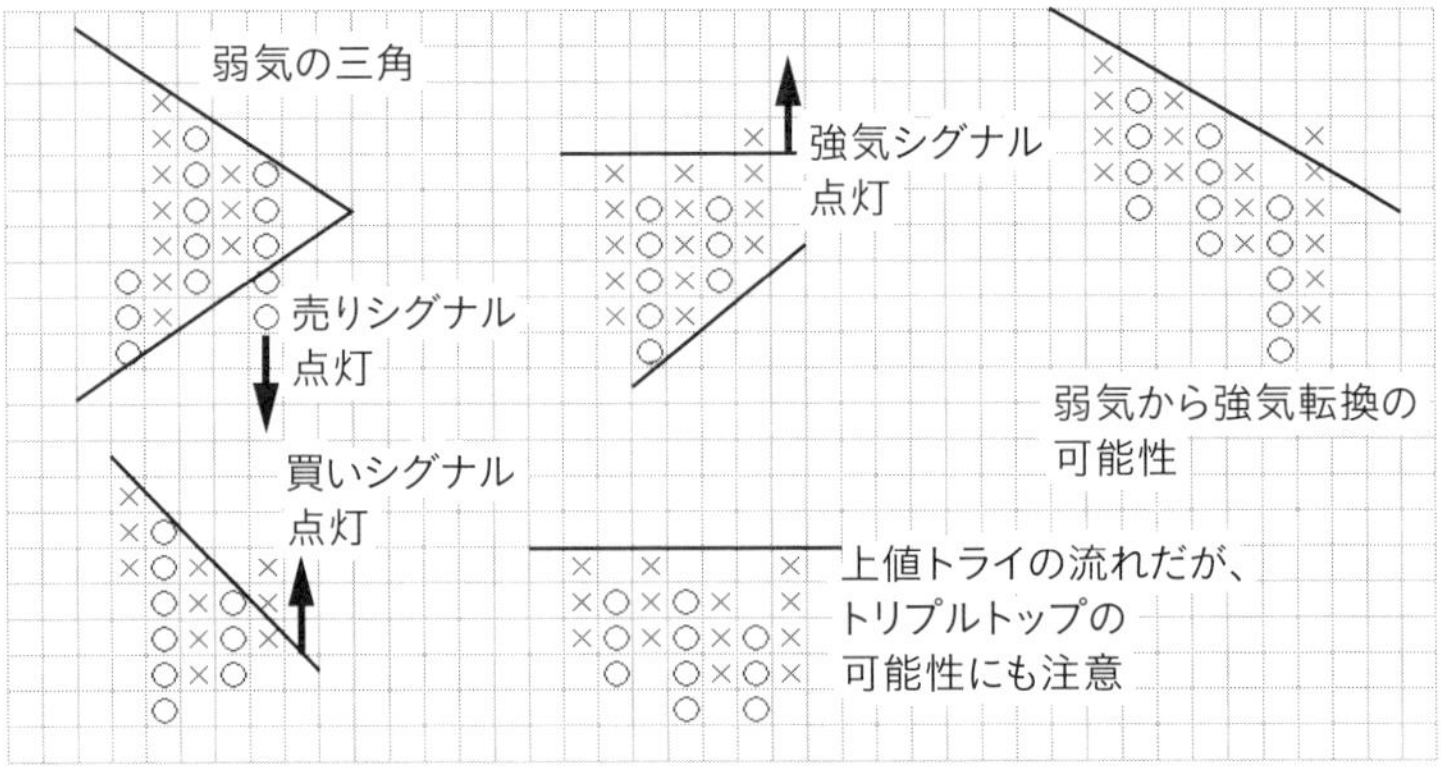

のに10銭（10ポイント）を1枠として4枠転換（40ポイント）、スイングトレードの参考にするのに50銭（50ポイント）を1枠として4枠転換（200ポイント）を用いています。

「40ポイントリバース」の描き方と使い方

1枠10ポイントで、上昇時は×を記入します（銭単位は切り捨て）。最後の×から10ポイント刻みで40ポイント下落したら、4枠転換となるので次の列の1つ下のマス目から○を3つ記入します。以下、反対方向へ4枠転換するまで10ポイント刻みで○を記入します。

下落時は10ポイント刻み（銭の単位は切り上げ）で○を記入します。最後の○から4枠転換したら、次の列の1つ上のマス目から×を3つ記入します。以下、反対方向へ4枠転換するまで10ポイント刻みで×を記入します。

これは時間足を用いた短時間のトレードに使います。×が付いたら押し目買い、○が付いたら損切りします。70ページの**図表1－6**では、レジスタンスラインを上抜けて一段の上昇に入った後、⑦まで反落していますが、サポートラインを切っていないので、基本は押し目買いが有効で、再び×がついたら押し目買い、○で損切りします。

「200ポイントリバース」の描き方と使い方

1枠50ポイントで、上昇時は×を記入します（銭単位は切り捨て）。最後の×から50ポイント刻みで200ポイント下落したら、4枠転換となるので次の列の1つ下のマス目から○を3つ記入します。以下、反対方向へ4枠転換するまで50ポイント刻みで○を記入します。

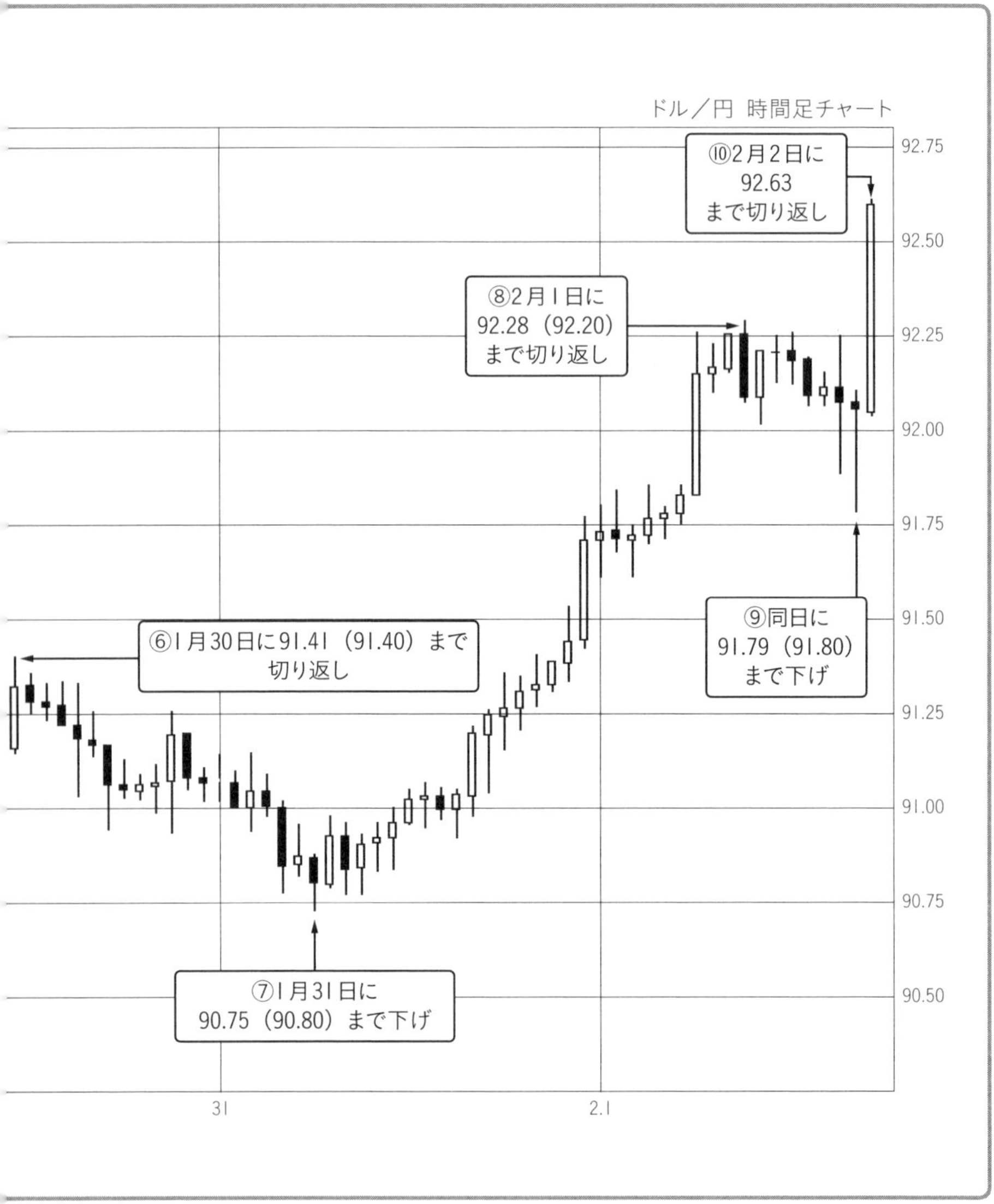
ドル／円 時間足チャート
⑩2月2日に
92.63
まで切り返し
⑧2月1日に
92.28（92.20）
まで切り返し
⑥1月30日に91.41（91.40）まで
切り返し
⑨同日に
91.79（91.80）
まで下げ
⑦1月31日に
90.75（90.80）まで下げ
92.75
92.50
92.25
92.00
91.75
91.50
91.25
91.00
90.75
90.50
31
2.1

図表1-6 「40ポイントリバース」の描き方と使い方

図表1-7 「200ポイントリバース」の描き方と使い方

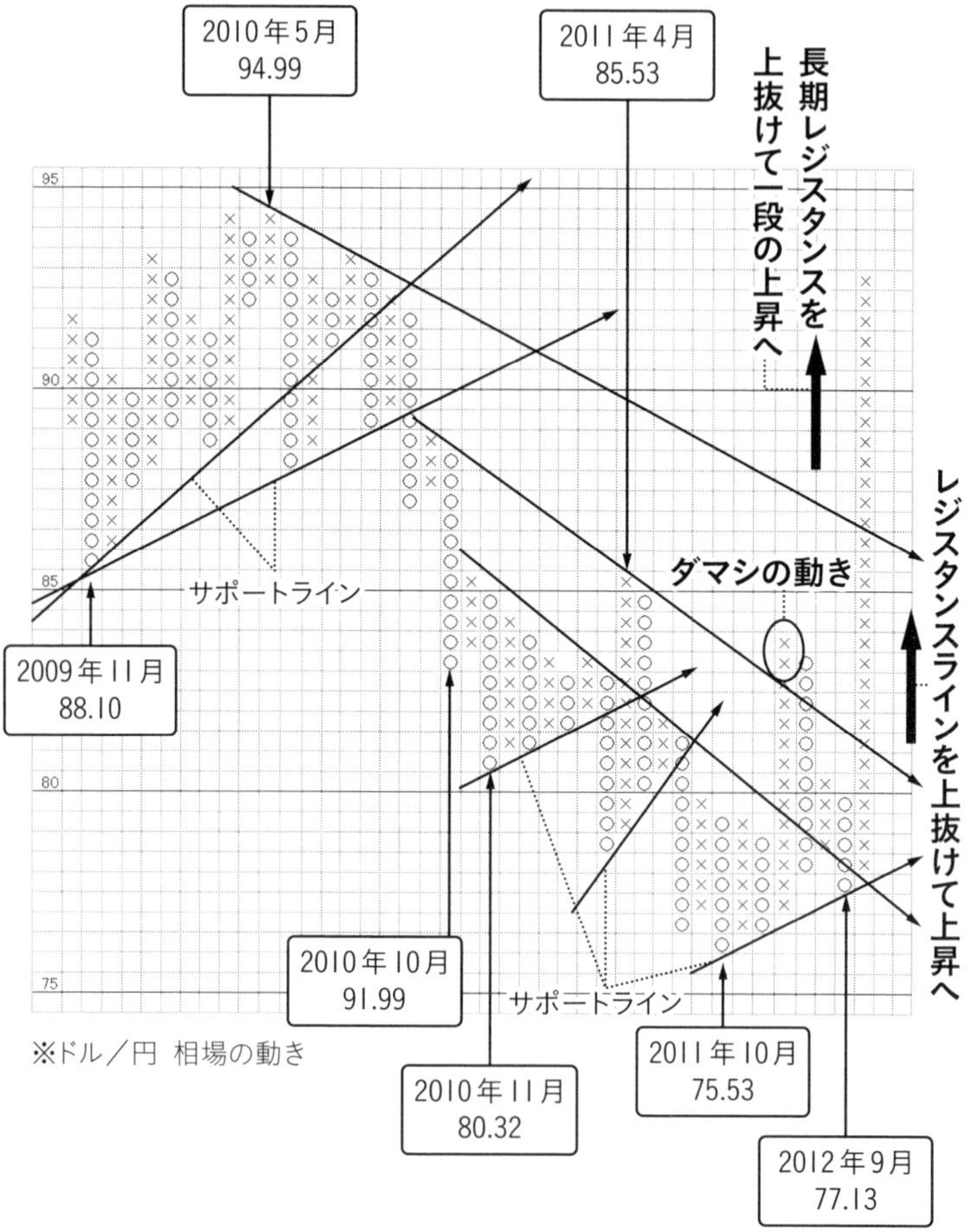

※ドル／円 相場の動き

下落時は50ポイント刻み（銭の単位は切り上げ）で○を記入します。最後の○から4枠転換したら、次の列の1つ上のマス目から×を3つ記入します。以下、反対方向へ4枠転換するまで50ポイント刻みで×を記入します。

使い方は、レジスタンスを抜けて上昇トレンドとなってからは、×が付いたら押し目買い、○が付いたら損切りします（**図表1－7**参照）。

200ポイントリバースの特徴としては、以下のようなものがあります。

- **一度リバースすると同一方向へさらに動く可能性が高くなる**
- **サポートライン、レジスタンスラインを守っているあいだは上下の抵抗にぶつかる傾向がある**
- **トライアングルや揉み合いを抜けると一方向へ動き出す**

200ポイントリバースは、ダマシの動きにはまることもありますが、方向性に賭けて動けば結果的には利益が残ります。また、グラフ1枚で数年のトレンドをみることができるため、大きなトレンドを把握するのに有効です。

たとえばドル／円相場の場合であれば、第4章で解説するように、その値動きの特徴をポイント&フィギュアでうまくとらえることができます。

相場の動き方を把握しやすい「ボリンジャーバンド」

標準偏差を使ったテクニカル分析

ローソク足の個々の足の特徴を理解し、トレンドラインを引くだけで、トレードの基本は十分ですが、そこにさらに、ポイント&フィギュアを補足してダマシを極力排除する工夫についても説明しました。

これにもう一つ加えるならば、見方が比較的簡単で、相場の方向性を探る補助的なチャートとして非常に効果的なボリンジャーバンドがあります。

ボリンジャーバンドは米国人のジョン・ボリンジャーが開発したテクニカル分析指標で、移動平均線と標準偏差を組み合わせたものです。移動平均線とその標準偏差である±1σ（シグマ）、±2σ……をチャートに重ねて描き、各ラインにかかる確率分布の状況から、相場の方向性や一方向へ離れる可能性をとらえようとするものです。

統計学上、移動平均線±1σ内には68・2%、平均線±2σ内には95・4%の確率で相場は分布し、おおむね±2σの範囲内に株価は収まるとされます。

これを時々チェックしておくとトレンドが変化したときに対応が早くなります。私がチェックしているのは、9日と21日の2種類の移動平均線で±2σのラインです。

「収縮した後の動き」に注目する

一般には、たとえば21日移動平均線より上で値動きが推移しているときは、上昇トレンドのなかでバンドの上限を試す動き、逆に下に入り込んだ場合は下値を探る動きが強まって下限へ向けて動きやすくなる特徴があります。このことから、利食いや損切りに利用する人も多いようですが、私が利用するのはボリンジャーバンドのレンジ内でのトレードではありません。

実はボリンジャーバンドが狭い状態が長く続いた場合や急速に縮まってきたときには、その後どちらか一方向へ離れる可能性を示唆することが多いので、これを常に意識するために利用するのです（76ページ**図表1－8**参照）。

つまり、一方向へ相場が離れた場合に素早く対応できるようにするためです。持っているポジションと逆の動きになった場合はいち早く逃げなければいけませんし、逆に、同じ方向へ動きだしたら、絶好の利乗せのチャンスでもあります。9日は比較的短期で2～3日から1週間程度のトレンド、21日は数週間からもう少し長めのトレンドの動きを探るのに比較的有効です。

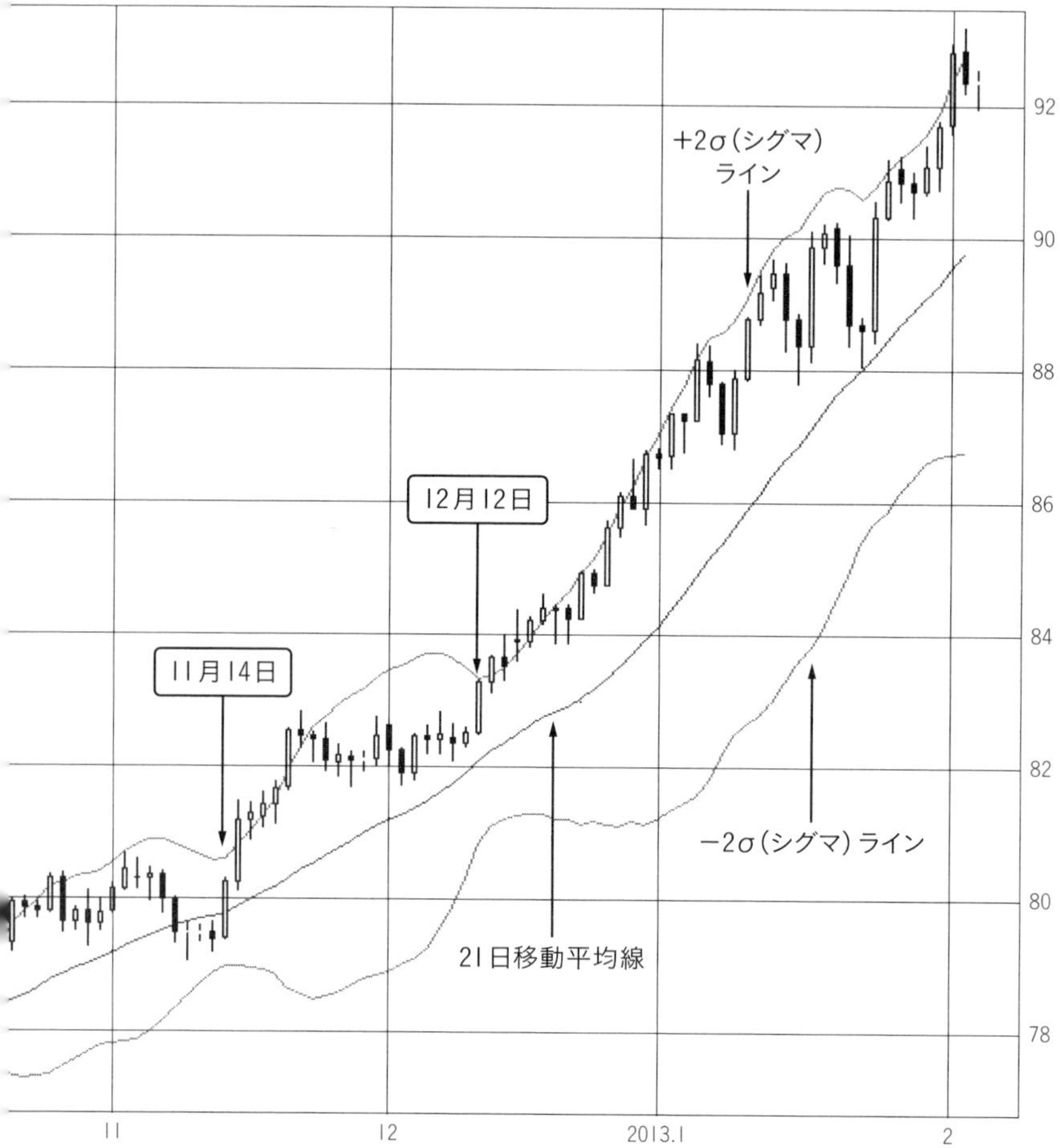
+2σ(シグマ)
ライン
12月12日
11月14日
−2σ(シグマ)ライン
21日移動平均線
92
90
88
86
84
82
80
78
11
12
2013.1
2

図表1-8 ● ボリンジャーバンドが「収縮」したら動きに備えよう

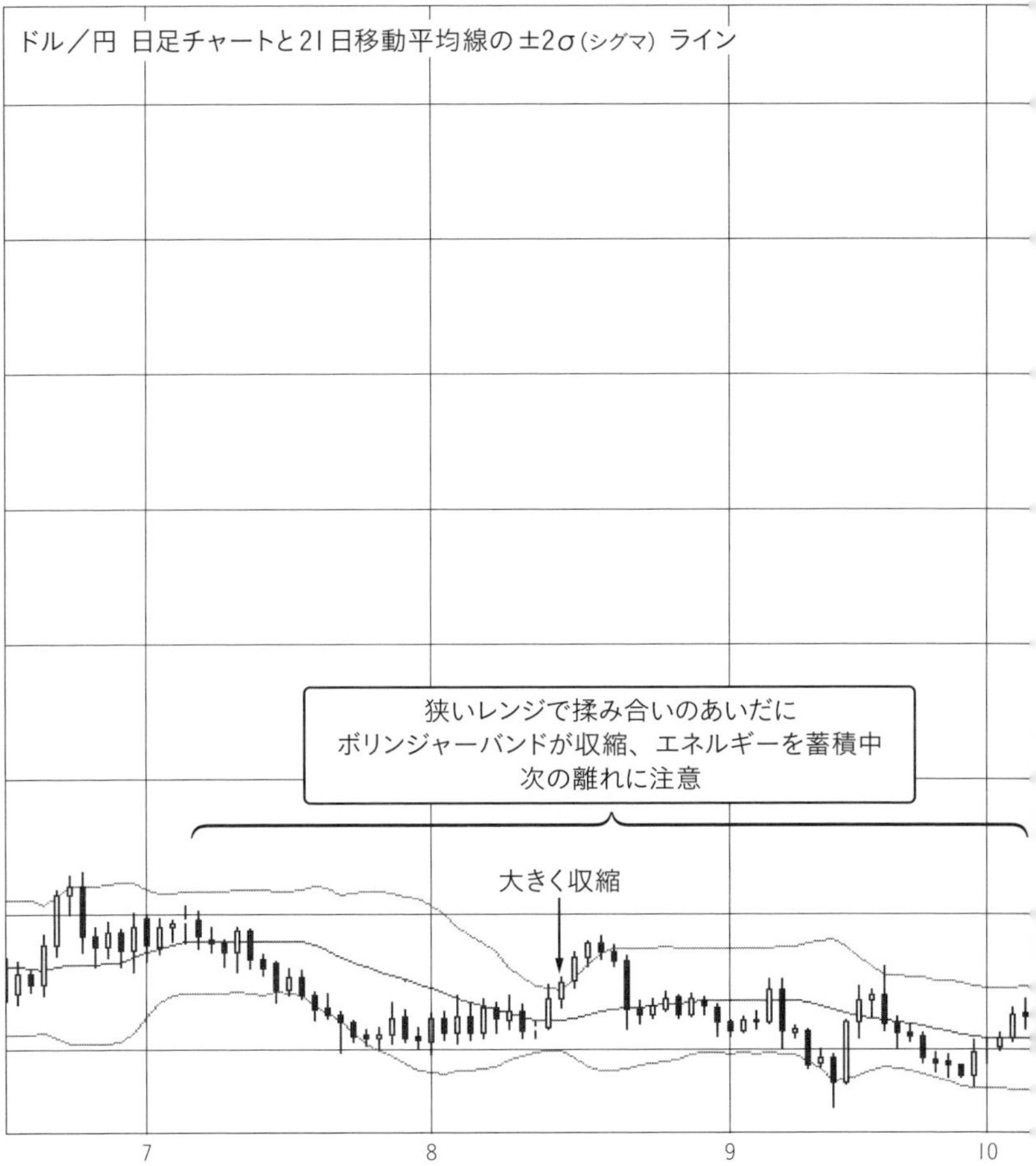
ドル／円 日足チャートと21日移動平均線の ±2σ(シグマ) ライン
狭いレンジで揉み合いのあいだに
ボリンジャーバンドが収縮、エネルギーを蓄積中
次の離れに注意
大きく収縮
7
8
9
10

1-7

エントリーで注意すべきこと

損切りポイントに耐えられないときはエントリーしない

詳しい損切りの方法については、次章で解説しますが、損切りというのは、エントリーの時点で決めておくものであって、本当にまずい状況になったときにあわてて行なうものではありません。自分が想定していたものと異なる動きをした場合の保険として、エントリーする段階から、きちんと「ここまできたら損切りを行なう」ということを決めておく必要があります。

損切りポイントには、絶対的なポイントと、その範囲内でそのときどきの状況に応じて設定するポイントがありますが、ここで大切なのは、そのポイントで損切りすることに「自分が耐えられるかどうか」です。

たとえば、想定されるポイントで損切りした場合、「10万円の損失になってしまってちょっと厳しい。せめてその半分、5万円くらいなら耐えられるのだけれども」という場合には、建てるポジションを半分に減らします。

あるいは、どうしてもそのポイントまでは我慢できないというような場合は、エントリーすることを見合わせるという判断も大切です。

大勢に乗ったトレードが有利

エントリーで大切なことは「大勢に乗ったトレードが有利」ということです。したがって、チャンスを待っているあいだにもチェックしておきたいことがあります。ポジションをとる前に、その通貨の長期トレンドが上昇基調にあるのか下降基調にあるのかをあらかじめみておくことです（**図表1－9**）。

エントリーのタイミングは長期のトレンドにかかわらず、短期的な方向性を見て入るわけですから、あまり関係がないと思われがち

図表1-9 ● 長期トレンドに順張りなのか逆張りなのかを意識する

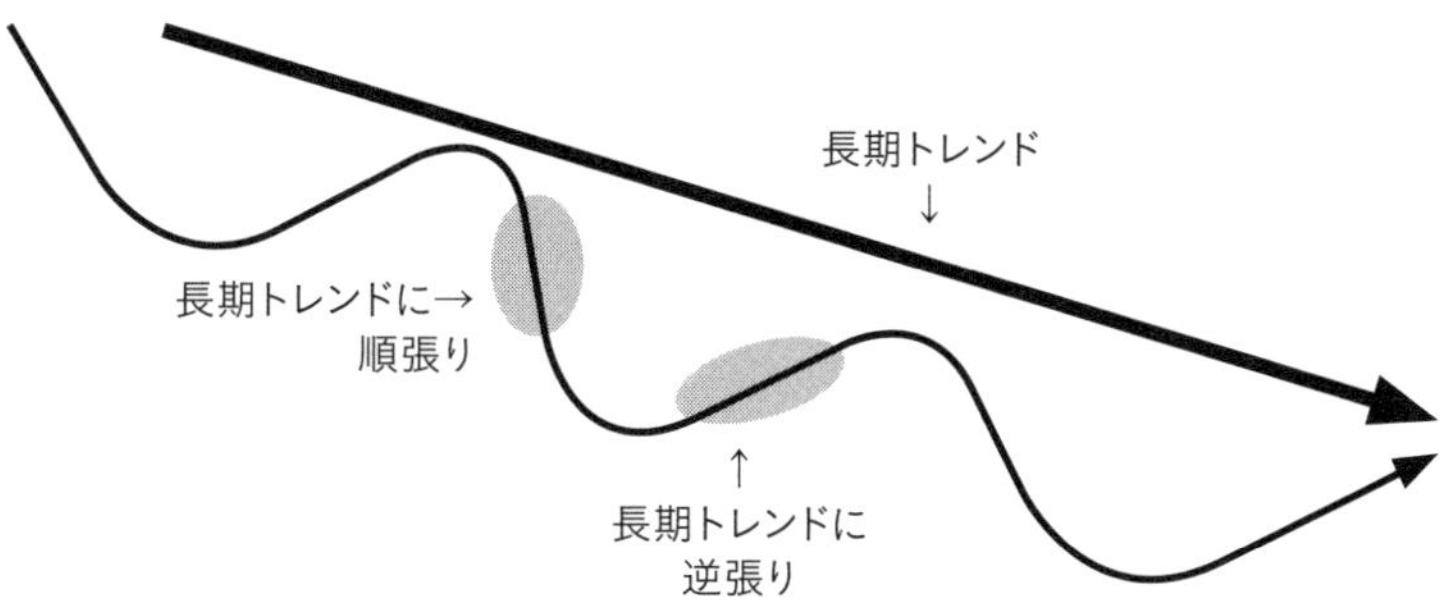

自分がいま行なおうとしているトレードが「大きな方向に対してどちら向きなのか」によって、後の対応法が異なる

ですが、利食いや損切り、利乗せやナンピンなどポジション調整にも長期トレンドの方向が影響を与えるので頭の片隅に入れておいて欲しいのです。

どういうことかというと、長期のトレンドと短期トレンドが同方向の場合は順張りですから持ち値が悪くなってもある程度耐えられますし、損切りの手前でナンピンを有効に使うこともできます。しかし、短期トレンドが長期と異なる逆張りの場合は、いずれ短期トレンドが本来の流れに戻ることを念頭に置いて取引する必要があります。そのためには、利食いはこまめに入れる、損切りも浅くし、短期トレンドが変化すると見られるポイントには必ず置くように心がけたりするなど、細心の注意を払うことが必要なのです。

チャートでみる順張りエントリーの例

ここで取り上げるのはドル／円相場で、トレンドラインとポイント＆フィギュア２００ポイントリバースを使った簡単トレードで、①～⑦は、82ページ**図表1－10**のチャート上に示した番号に対応しています。

①9月13日の安値77・13（77・50）から200ポイントリバースしたのが10月22日。

②翌10月23日寄り付き79・99でドル買いエントリー。損切りポイントは200ポイントリバースする77・50割れに設定して逆指値を置く。この時点ではトレンドラインAがサポートライ

ンとなっている。

③11月9日にサポートを若干下抜けたが、200ポイントリバースしないので損切りせず。

④11月15日に81・46まで上昇したので、逆指値を79円割れに引き上げる。

⑤12月12日の陽線が出たところで、11月15日を基点としたトレンドラインBにサポートラインを変更。また、この時点で逆指値は81円割れに引き上げる。

⑥1月18日時点では90円超えで、逆指値を88円割れに引き上げている。

⑦1月23日もかろうじて逆指値がつかずに反転、上昇につながった。

以降、トレンドラインC、トレンドラインのDと、引けるところにサポートラインを修正していきます。

200ポイントリバースはこのチャートの最後の時点で91・50割れですが、その前にまず、トレンドラインを切れたら短期トレンドの変化に注意します。このトレードでは、ここまでに約13円の利益を確保できていますが、リバースした場合は200ポイント分の期待利益は減ることになります。

なお、このチャートには入れていませんが、21日移動平均線も併用するとトレンドラインとの相関も理解しやすくなります。

⑥1月18日
高値90.21
⑤12月12日
高値83.30
⑦1月23日
安値88.06
トレンドラインB
トレンドラインC
トレンドラインD
94
92
90
88
86
84
82
80
78
12
2013.1
2

図表1-10 ● プロはいつどういう理由でエントリーするのか?

「行き過ぎた動き」に対する逆張りエントリーの方法

逆張りというのは、トレンドに逆らった方向にポジションをとることです。

私のトレード方法はトレンドが続く限り、それをずっと追いかけていくというものです。ただ、そうはいっても、逆張りで利益を得るチャンスがあるのに、それをみすみす見逃すわけにはいきません。プロのトレーダーというのは、そこに利益を得るチャンスがあれば、チャレンジするものです。

では、どういうときが逆張りで利益を得るチャンスなのでしょうか。それは長期トレンドに関係なく短期的なトレンドが変化したときです。

また、短時間の値動きのなかでトレンドの方向性に関係なく完全にオーバーシュート、つまり行き過ぎたときにも「時間足のマド」を利用した逆張りトレードはかなりの確率で有効です。ただし、損切りするポイントがむずかしくなるので、相場を始めて間もない方は逆張りトレードに応用するのではなく、トレンドに沿ったやり方で押し目や戻りを待ってエントリーするのに応用するといいでしょう。これは第4章で改めて説明するとして、ここでは長期トレンドと短期トレンドが異なる場合について述べます。

まず、逆張りは、中途半端な値ごろ感で行なうと、必ず失敗します。また、逆張りでは利食いを欲張るのは禁物です。

以下は2度の逆張りエントリーの例です。

長期トレンドをみると（86ページ**図表1－11**）、31カ月移動平均線、トレンドラインの下に位置しており、ドル下げトレンドです。

次にポイント&フィギュアで短期トレンドをみると（**図表1－12**）、3月17日の底値から18日に200ポイントリバースして強気に転換しています。このため、翌3月21日の寄り付き81・03でドル買いエントリーしました（88ページ**図表1－13の①**）。逆指値（損切りポイント）は200ポイントリバースする80円割れに設定します。ただし、短期的なトレンドラインを下抜けた場合や21日移動平均線を日足の実体ベースで下抜けてきたら、本来のトレンドに戻る可能性を考慮して逆指値が執行されるのを待たずに早めに撤退することを心がけます。

このトレードはその後、4月10日の日足が上ヒゲの長い陰線で終えており、上値トライに失敗した形でトレンドラインを実体で下抜けているため、この時点の逆指値は83・50割れでしたが、翌4月11日の寄り付き85・13で決済しました（**図表1－13の②**）。

次のエントリーは**図表1－13の③**です。長期トレンドはドル安円高で変わらず、短期トレンドは5月5日の底値から5月19日に82円超えをみて200ポイントリバースし、ド

図表1-12 ● ポイント&フィギュア

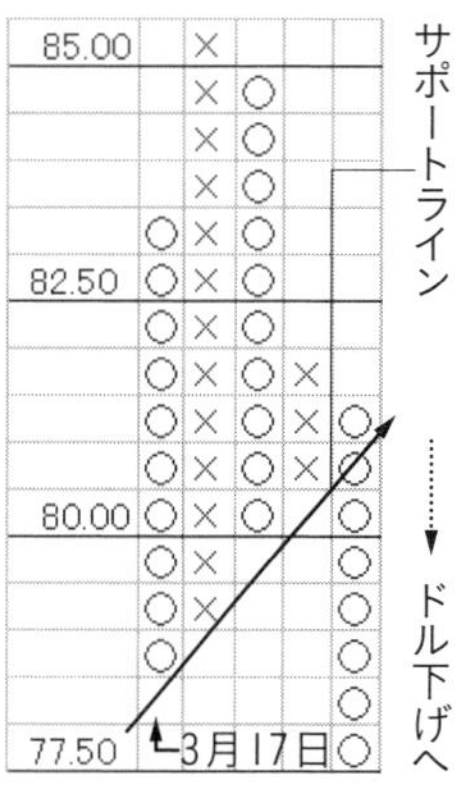

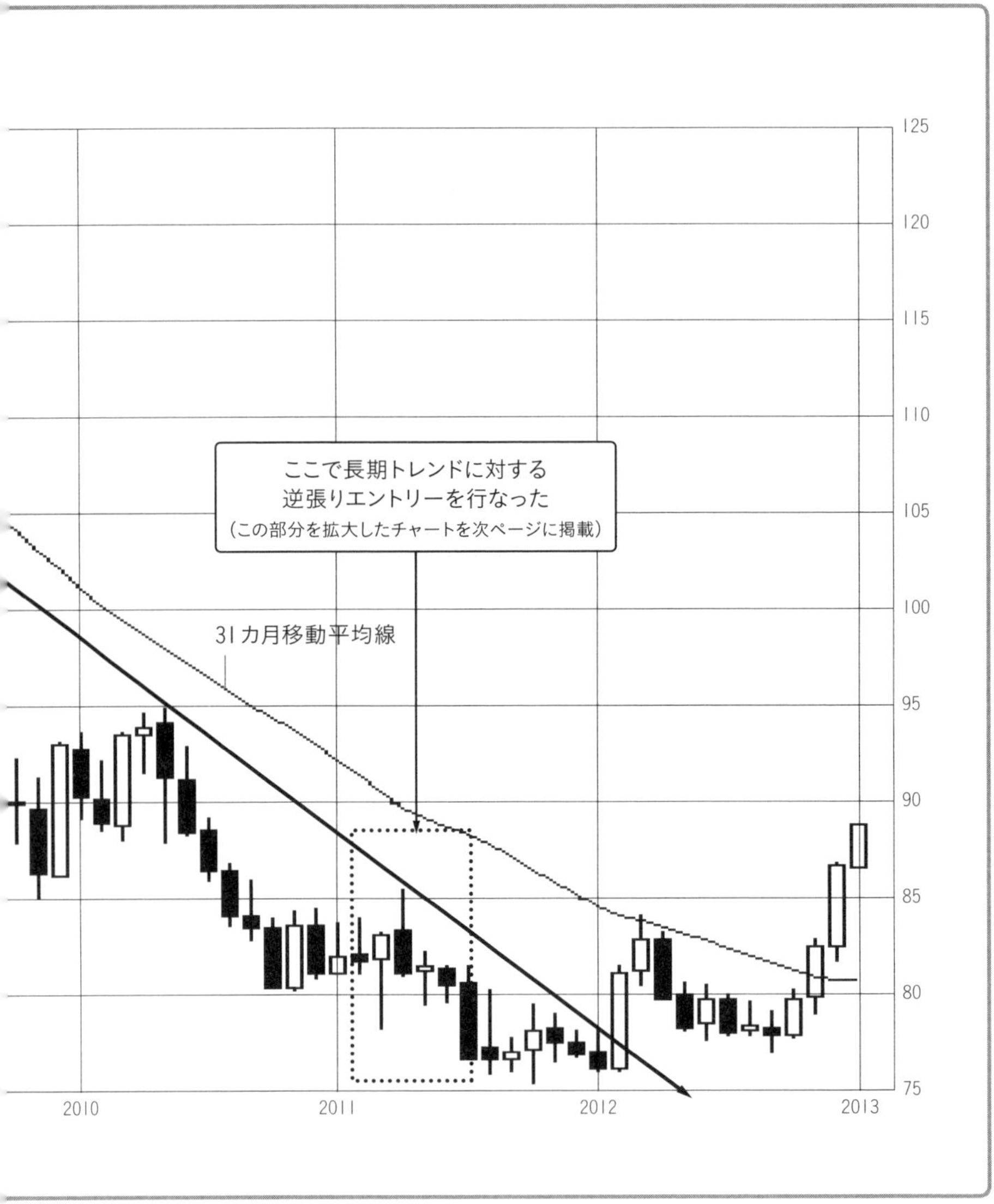
ここで長期トレンドに対する
逆張りエントリーを行なった
(この部分を拡大したチャートを次ページに掲載)
31カ月移動平均線
125
120
115
110
105
100
95
90
85
80
75
2010
2011
2012
2013

図表1-11 ● エントリーする前に長期トレンドを確認する（ドル／円 月足チャート）

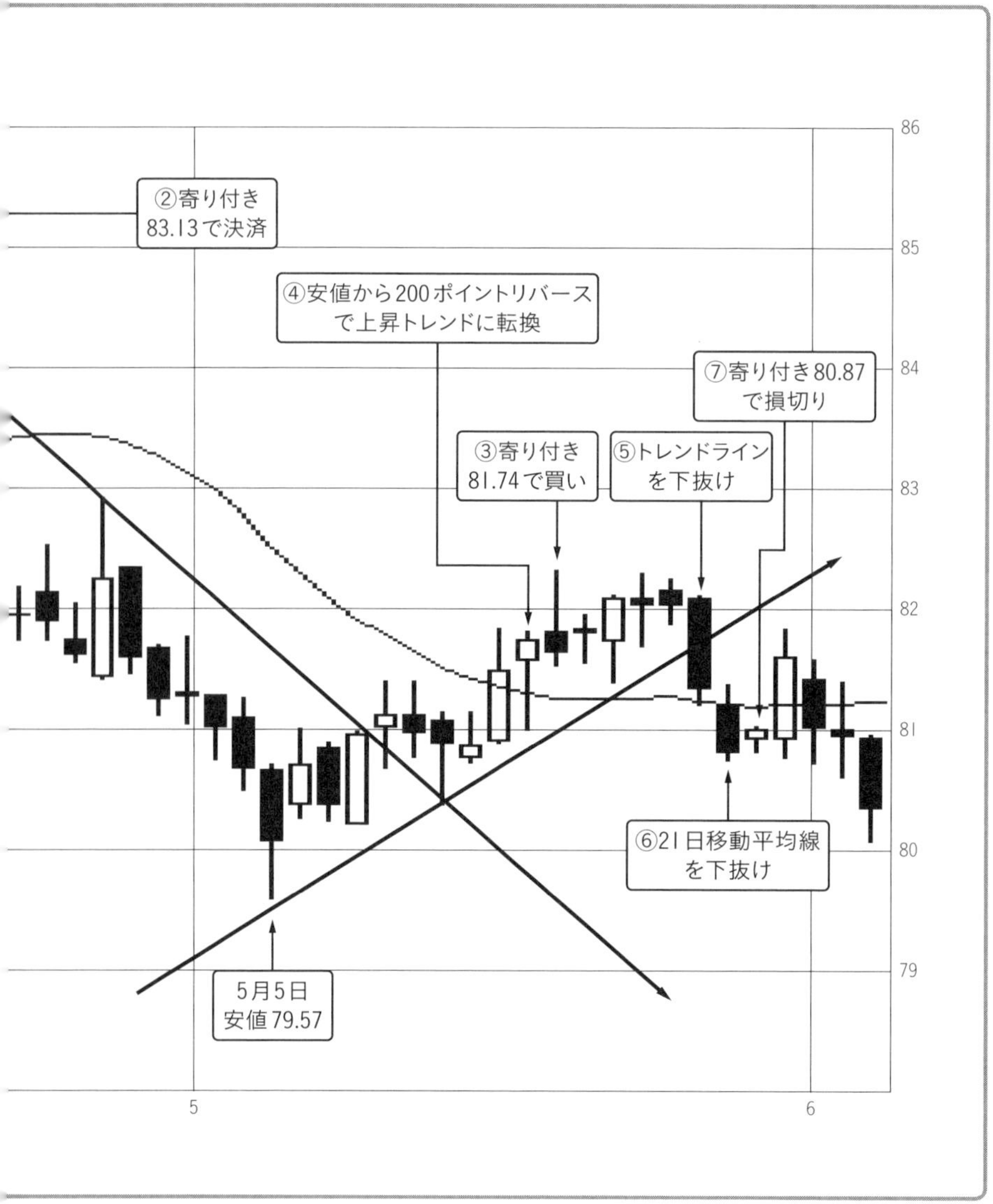
②寄り付き
83.13で決済
④安値から200ポイントリバース
で上昇トレンドに転換
⑦寄り付き80.87
で損切り
③寄り付き
81.74で買い
⑤トレンドライン
を下抜け
⑥21日移動平均線
を下抜け
5月5日
安値79.57
86
85
84
83
82
81
80
79
5
6

図表1-13 ● プロはいつどういう理由でエントリーするのか？

ル高に転換しました（**図表1－13の④**）。そこで翌5月20日寄り付き81・74でドルロングにしました。逆指値は③の高値82・23から200ポイントリバースする80円割れに設定しています。

このトレードはその後、5月26日の日足がトレンドラインを割り込み（**図表1－13の⑤**）、翌27日の日足が21日移動平均線も割り込んで終えてトレンド転換の可能性が生じたため（**図表1－13の⑥**）、翌日寄り付き80・87で早めに撤退しました。

その日の上値が81・77まであったものの（**図表1－13の⑦**）、その後の推移をみると、80円割れの逆指値執行を待たずに損切りして正解でした。

第2章

エグジットのテクニック

THE PROFESSIONAL METHOD IN FX TRADE

2-1 利食いの考え方と方法

エグジットは「利食いと損切り」の2通り

スイングトレードの場合、株のように長期間保有して会社の成長につれて株価が上がるのを待つといったスタンスではなく、長くても1～2週間ぐらいの相場の波動から差益をとることになります。したがって、買いか売りかでエントリーしたならば、必ずどこかで反対売買をしてエグジットします。

エグジットには、利食いとなる場合と、損切りとなる場合があり、その基本的な考え方は**図表2-1**のとおりです。

以下では利食いと損切りのそれぞれについて、具体的な考え方と方法を解説していきます。

ちなみに、ポジションを持っていても、持ち値近辺で相場がうじうじしていたり、2～3日同じポジションを持っていても損切りもつかないけれど利食いも遠い、といったりしたことがあります。こういうときは精神的に追い込まれて迷いが生じるものです。したがって、いったん逃げて冷静さを取り戻してから仕切り直すのも手です。また、「何か変」と思ったときも第六感が正しいことが多いので、これも逃げたほうが正解です。

「トレンドの転換点」と「チャートの節目」がポイント

利食いの考え方の基本は、さきほどの図表2－1にもあるとおり、中長期の方向に順張りのときには欲張ってみてもよく、アヤ狙いのときには素早く行ないます。また、経済指標などで相場が動く際には、予想どおりの動きで利が乗ったときには他の人たちも同じポジションを持っていると考えて素早く行ない、予想外の動きで利が乗ったときには欲張ってもよいと覚えておくとよいでしょう。

図表2-1 ● 利食い、損切りの対応法一覧

利食いのコツ	中長期の方向に順張り	欲張ってOK
	中長期の方向に逆張り	素早く
	市場の予想外の指標で利が乗ったとき	欲張ってOK
	市場の予想どおりの指標で利が乗ったとき	素早く
損切りのコツ	中長期の方向に順張り	深めでOK
	中長期の方向に逆張り	浅めで素早く
	大きな節目に達したとき	ドテンもあり ※106ページ参照
	逃げる時間もなく とんでもない値段になったとき	リバウンドを待って 対応する ※107ページ参照

具体的な方法としては、買いの場合も売りの場合も、トレンドに乗るようにエントリーしているわけですから、そのトレンドに乗り続けている限り、同方向のポジションは持ち続けます。そして、買いの場合にサポートラインを日足の実体が切ってきたり、売りの場合に日足の実体がレジスタンスラインを越えてきたりするなど、トレンドが変わったことが明確になったらポジションを閉じます。

トレンドが変わるポイントというのは相場の動きにつれて変化していきます。

上昇トレンドであればサポートラインが切り上がるにつれて変化するポイントも上昇していきますし、下降トレンドであればレジスタンスラインが下がるにつれて下降していきます。したがって、損切りの逆指値を置くポイントもこれに応じて変化しますから、「トレンドが変わるポイント」でエグジットした結果、当初は損切りで終わるものが、どこかの段階で利食いポイントに変わることになります。

トレンド判断がきちんと行なわれていれば、通常は利食いで終えることができます。

次に、トレンドに乗り続けている場合でも、いったん利食いを行なうケースがあります。

それは、節目に達したときと、経験上「行き過ぎ」の領域に達したときです。

節目というのは過去に揉み合った水準やマド(第4章参照)、あるいは週足でみた強い抵抗ポイント(中期的なポイント)です。行き過ぎというのは、たとえばドル/円相場において1日で200ポイントがとれてしまったような場合です(第4章参照)。こうした場合には、トレンドが転換していなくとも、いったん利食いをすることがあります。なぜなら、短時間のうちに大きく動いた相場は、ほとんどの場合、後に戻すことが多いからです。

このように、調整が入る確率が高い場合には、いったんポジションを閉じて様子をみて、再びエントリーのタイミングを図ったほうが効率よく収益を上げることができます。ただし、31カ月移動平均線を上抜け、あるいは下抜けた場合は、長期的なトレンド転換の可能性が生じますから、順張り方向のポジションは200ポイントリバースでもしない限りは保持します。

「自分の目標金額」には意味がない

ところで、利食いにおいて多くの人がやってしまいがちな間違いに「目標額を金額ベースで考えてしまう」というものがあります。たとえば、「今回のトレードで30万円を稼ぎたい。いまの為替レートは1ドル＝80円だから、20万ドルを買って、1ドル＝81円50銭になったら目標達成」といったものです。

このように金額で目標額を考えると、どうしてもその為替レートに執着してしまいます。その結果、自分がとっているポジションがトレンドに乗れているかどうかにかかわらず、利食いや損切りができないという状況に陥ってしまいます。

相場というのは、投資家の都合で動いているわけではありませんから、このような態度は不遜です。したがって、自分の都合には関係なく、純粋にチャートを判断基準にして、「トレンドはどうなっているのか」「どこに節目があるのか」ということだけを考えるようにしましょう。

チャートでみる利食いの例（その1）

まずは、トレンドの方向性に沿った順張りトレードの利食いの例です。

取り上げたポンド／円相場は、２０１２年11月足で31カ月移動平均線を上抜けてきています（**図表２－２**）。98ページ**図表２－３**では買いから入ったトレード、すなわち長期トレンドの方向性とトレードの方向性が同一の場合ですから、利食いの基本戦略はプロフィットセーブのための逆指値「２００ポイントリバース」です。これが結果として利食いになる場合と、残念ながら損切りになる場合があると考えてください。

①11月13日は安値１２５・６８（１２５・５０）
②①から２００ポイントリバースしたのが11月15日。
③翌11月16日寄り付き１２８・８１で買い参入。逆指値は１２６・５０割れに設定。
④1月2日まで２００ポイントリバースなく上昇。この時点での逆指値は１４０・５０割れ。
⑤翌1月3日に逆指値が付いて約13・60銭の利益確定となる。
⑤トレンドが強気であることと、ポンド／円は値幅の振幅がやや大きいので売り転換せず様子見。

図表2-2 「どこでトレードしているのか」長期トレンドを確認する（ポンド／円 月足チャート）

図表2-3 ● プロはいつどういう理由で利食いするのか？

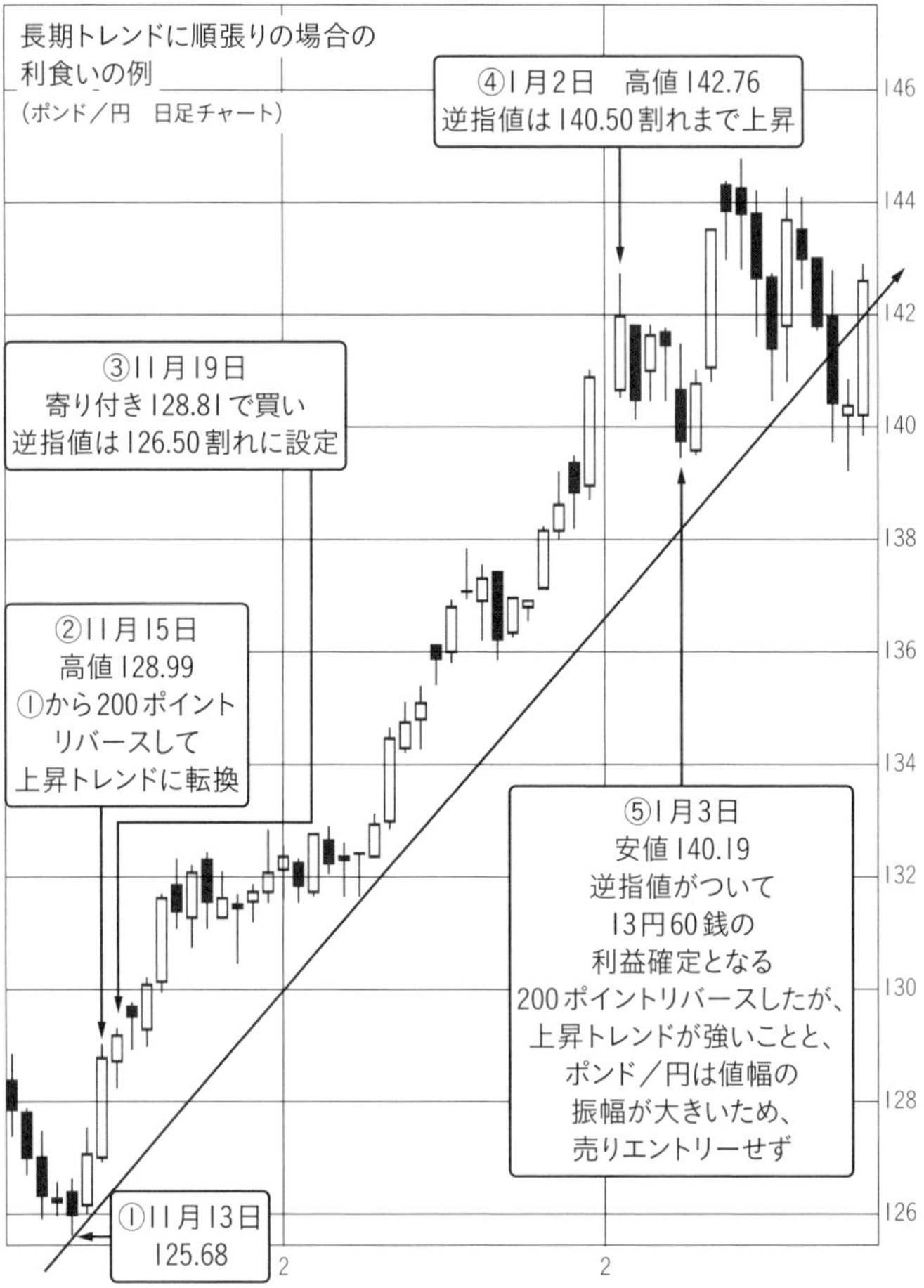

長期トレンドに順張りの場合の
利食いの例
（ポンド／円　日足チャート）
④1月2日　高値142.76
逆指値は140.50割れまで上昇
③11月19日
寄り付き128.81で買い
逆指値は126.50割れに設定
②11月15日
高値128.99
①から200ポイント
リバースして
上昇トレンドに転換
⑤1月3日
安値140.19
逆指値がついて
13円60銭の
利益確定となる
200ポイントリバースしたが、
上昇トレンドが強いことと、
ポンド／円は値幅の
振幅が大きいため、
売りエントリーせず
①11月13日
125.68
146
144
142
140
138
136
134
132
130
128
126
2
2

チャートでみる利食いの例（その2）

次は、大きなトレンドと関係なくアヤを狙ったトレードです。

ここで取り上げたのは2013年2月のドル／円相場ですから、とりわけ短期も長期も強気で、本当に値動きのアヤ狙いで逆張り売りをしたケースです。

ここでは「時間足のマド」（第4章参照）の習性を利用してエントリーしました。この手法はドル／円以外の通貨でも使えますが、市場流動性の低い通貨はダメです。注意点は、損切りの逆指値を必ず置くことと、利食いもマドの基点近くか浅めにすることです。当然、ナンピンはしません。また、あくまでもアヤ狙いですから、日足の3～4手で戻ってこなければ、逆指値がつかなくてもいったん撤退したほうがよいでしょう。以下の①～③は100ページ**図表2－4**のチャートに対応しています。

①2月1日の91・80台から92・30までにマド発生。ただし、このマドは上値が伸びずに早々に埋まったのでポジションはとらない。

②2月2日、92・10から92・40までのマドが発生。トレンドが強いので、マドの基点から最低でも1円以上乖離したポイントということで、A（93・10）で逆張り。損切りの逆指値は70銭～100銭程度に置く。結果、92・20で利食い完了。

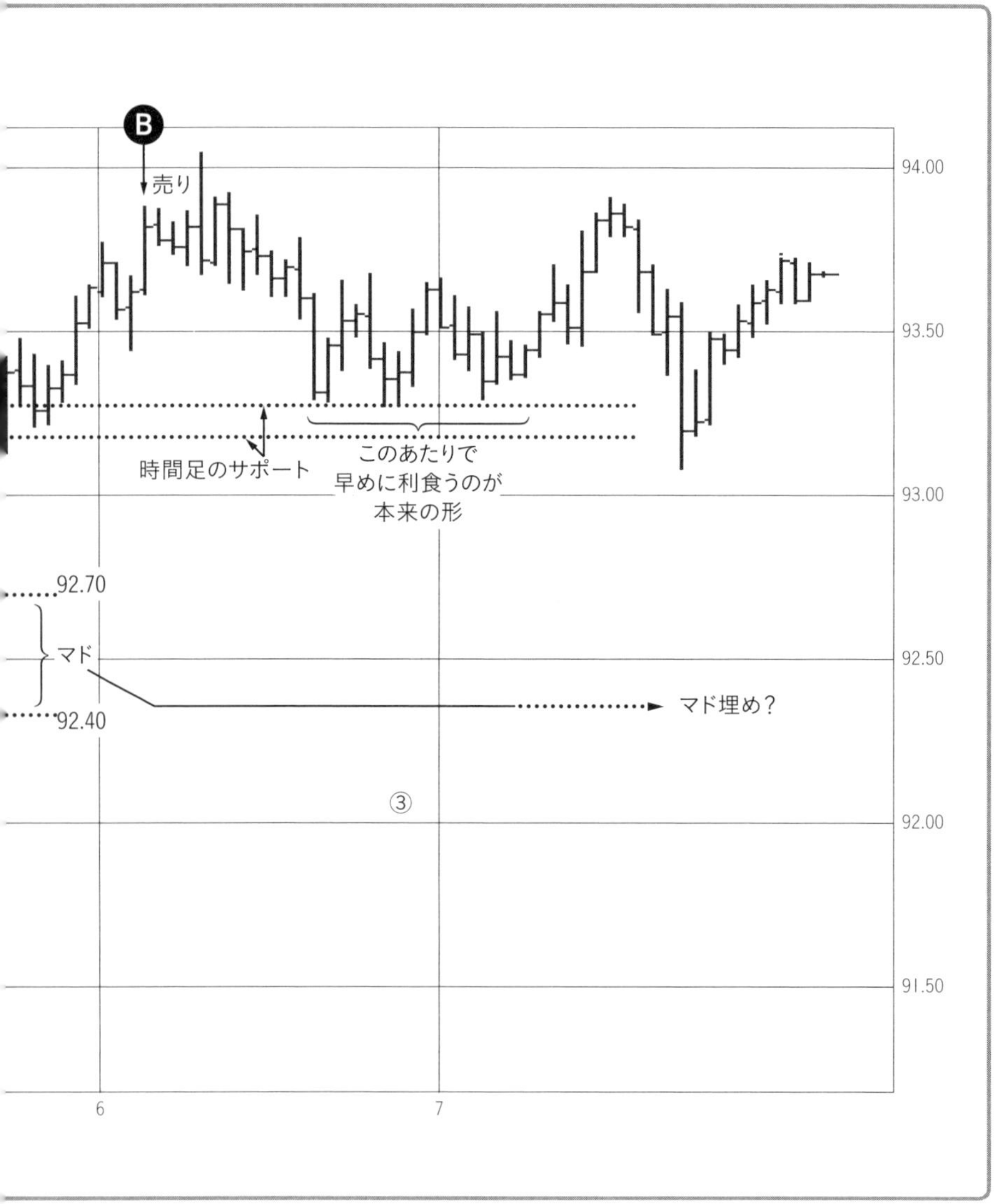
B
売り
94.00
93.50
93.00
92.50
92.00
91.50
時間足のサポート
このあたりで
早めに利食うのが
本来の形
92.70
マド
92.40
マド埋め？
③
6
7

図表2-4 ● プロはいつどういう理由で利食いするのか？

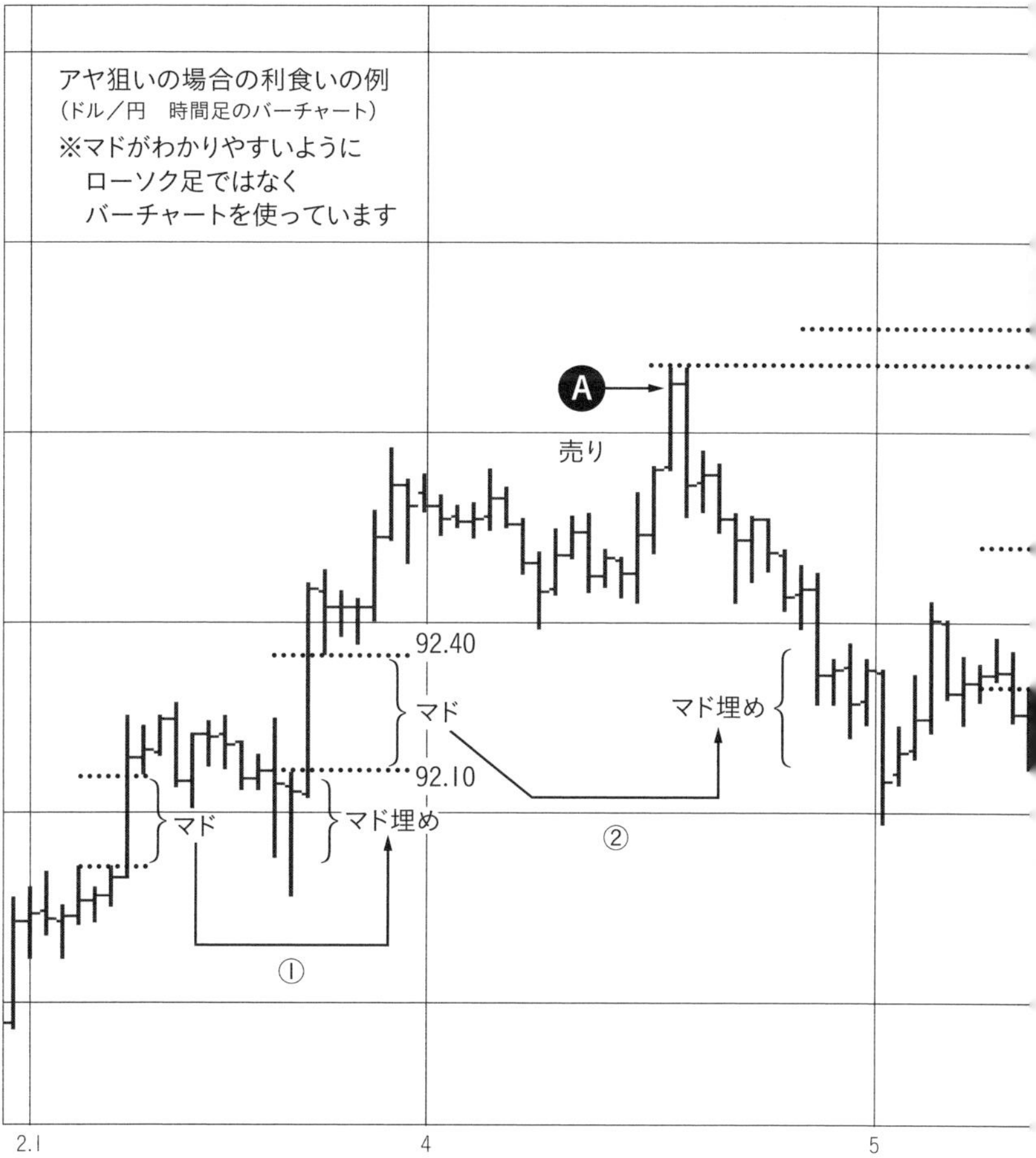

③2月5日、92・40から92・70にマド発生。2月6日に1円以上乖離したB（93・70）で売りエントリー。損切りは94・40に逆指値を置く。時間足のサポートが93・20〜93・30にあり、トレンドも強い状態にあるので、サポートまで戻ってきたところでいったん利食うのが正解。

ちなみに筆者は、実際には③の形では利食いをせずにドル売りポジションを続行しました。逆指値がつかなくても、2月11日中に92・50〜92・60がつかなければいったん撤退するつもりです（この本の校了寸前の2月11日夕方にマドは埋まりました）。

2-2 損切りの考え方と方法

チャンスは何度でもある

エントリーしたポジションを損切りしなければならないのは、嫌なものです。しかし、私の師匠である若林栄四流にいえば、「相場というものは勝って当然、負けても当然」ですから、損切りも淡々と行なわなければなりません。

では、どういう場面で損切りするのでしょうか。

まず、自分がとったポジションの方向さえ合っていれば、エントリーした直後は多少の含み損は出ても、遅くとも一両日中には含み益に変わります。しかし、間違った方向にポジションを持ってしまうと、エントリーした時点で利益が出ていてもおそらく24時間以内に含み損に変わってきます。あるいはなかなか利益が乗ってきませんから、その時点で間違ったかどうかを判断します。

私の場合は、「ポジションを持って3日経過しても利益が乗らない」という場合は、その時点で自分の判断が間違ったかもしれないと考え、ポジションを閉じる方向で手段を考えるようにしています。

もちろん、方向は合っていたのにタイミングが悪かったということで、自分がポジションを閉じた後で、相場がその方向に動き始めるといったケースもあります。ただ、たとえそういうケースであったとしても、相場はなくなりませんし、チャンスはいつでもありますから、一度ポジションを閉じて、また改めてポジションをとり直せばよいことだと考えています。

順張りかアヤ狙いかでポイントは異なる

損切りの具体的な方法は2つあります。

まずは「絶対的な損切りポイント」です。エントリーの方法でも記したように、私の場合はトレンドラインとポイント＆フィギュアの200ポイントリバースを併用して、トレンドラインから軌道を外れてしまうポイントやエントリーポイントから2円（200ポイント）程度離れた位置に逆指値を置くようにしています。「このポイントに達したらトレンドは変わる」というポイントであると同時に、これ以上深手を負うと簡単に取り返すのがむずかしくなると思うところに置くわけです。ですから、ここに達したら機械的に損切ります。

次に状況に応じてもう少し浅い、「当面の損切りポイント」をどこにするかを決めます。利食いと同様の視点から、中長期の方向に順張りのときには前述の「絶対的な損切りポイント」に置きますが、アヤ狙いのときには浅めのポイントにしておきます。

具体的には、順張りの場合はトレンドラインを日足の実体が外れても、200ポイントリバースを確認するまでは損切りしませんし、損切りポイントに近づいた場合はナンピンも試してみます。トレンドに沿ったエントリーをしているときには、損切りもつかないことが多いので、損切り近くでナンピンしたポジションが利に乗ることがあるからです。

これに対して逆張りの場合は、トレンドラインや21日移動平均線を切り始めたら200ポイントリバースを待たずに早めに撤退します。ナンピンも極力やらないか、金額を小さめにして試す程度にします。

損切りはスッキリ行なう

また、相場の動きにつれて、逆指値を置くポイントを有利な方向に移動させる、いわゆるトレーリングストップも状況に応じて活用したいところです。トレーリングストップのポイントは、相場が進むにつれて変わっていきます。買いのポジションであればサポートラインが上がるにつれて上昇していきますし、売りのポジションであればレジスタンスラインが下がるにつれて下降していきます。したがって、どこかの段階で、損切りではなく利食いに変わることになります。

しかし、残念ながらエントリーが失敗して損切りをする場合は、ポジションをすべてスッキリと清算するのが正しいやり方です。損切りでよくある判断ミスは、「ひょっとしたらまた元に戻るのではないか」と、淡い期待を抱いてしまうことです。しかし、そのような判断によって、損切りのポイントを変えたり、あるいは一部のポジションは持っておいたりといったことをするとポジションの操作がむずかしくなり、結果的に残したポジションも切らされてしまうことになりがちです。不思議なことに相場はあなたを必ず追い込んできます。

とくに、レバレッジを高めている場合などは、強制ロスカットされてしまうことにもなりかねません。相場の世界から退場させられては元も子もないのですから損切りは確実に行なわなければなりません。

「相場が大きく動いたとき」には一工夫を

損切りで注意したいのは、相場が大きく動いたときです。

たとえば、絶対の損切りポイントは、「まずつかないと思われるが、つくようならトレンドが変わる」というポイントでした。

だとしたら、相場が大きく動いてこの損切りがついてしまった場合、ドテンする（ポジションを解消するとともに、反対のポジションを建てる）ことも一つの手です。

ドテンというのは、心理的な抵抗感もあって、個人投資家の方はなかなか実行できないようです。しかし、こうした場合の相場のエネルギーは大きく、さらに進むケースが多いのです。したがって、ここでポジションをドテンすることによって、「損切りによって受けた大きなロスを少しでも回復させることができるかどうか」によってその後の対応が大きく左右されるのです。

なお、月曜の朝、シドニー市場からの流れで、NYの引け値から窓を空けてとんでもない値段がついてしまったような場合は、そのまま損切りすると、短時間でみた場合、大底や素高値で手仕舞ってしまう可能性が高いので、東京市場が始まって市場が落ち着きを取り戻したところでリバウンドを待ってから手仕舞ったほうが得策です。

最後に、「自分は損失が30銭になったところで損切りをする」などというように、値幅で損切りのラインを決めている人がたまにいます。心情的な安心感なのかもしれませんが、これはよくありません。利食いのところでも述べたとおり、相場は投資家の損失額など関係なく動いていますから、結果としてまったく合理的ではないトレードになってしまう可能性が高くなります。

逆指値（損切り）の注文はいったん置いたら変更しない

損切りの逆指値注文を出しておいたのに相場の値動きがこれにタッチしそうになると思わず外してしまうことはありませんか？　このような場合、短時間なら外したほうがよかったかもしれませんが、結果的にはもっと悪いところで切らされてしまうことのほうが多いものです。目の前の恐怖に勝てずに逆指値を外してしまうことは、後でもっと手痛い結果を生むことにもなりかねません。

私も外銀に勤めていたころに苦い経験があります。ポジションテイカーとして相場を張っていましたから、オーバーナイトでポジションを持つ（ポジションを翌日まで繰り越すこと）ことも多かったのです。そうした場合、日中持っていたポジションを2分の1から3分の1程度まで整理して軽くします。そして残りのポジションについては海外の支店に損切り注文を置いて寝るのです。

すると夜中に注文を執行する担当者から「いまドル／円相場は○○です。損切りがつくかもしれませんがどうしますか？」と親切にも（？）電話がかかってきます。気持ちよく寝ているところで起こされ、状況を把握して頭をフル回転させ、損切り注文を引っ込めるのかそのままにしておくのかを瞬時に判断するのは容易ではありません。とりあえずいったん外して考えよう、という結果に落ち着きます。

そして、もう少し離れたところに損切り注文を置き直して翌日を迎えます。すると、損切り注文を当初のままで変更しないほうが傷が浅かった、という確率が高かったのです。何度か失敗を重ねるうちに、私は「損切りが近づいても電話をかけてこないように」と指示しました。これで安眠を妨害されずにゆっくり休むことができるようになりました。

そもそも損切り注文は昼間のうちに熟考して出すものですから、正しい行動であることが多いのです。日中よりもポジションを軽くしておけば傷も浅く済むし、相場急変時やここを超えたらトレンドが変わってしまう、というポイントに置くこともできます。夜はゆっくり頭を休めて次の日の勝負に挑むためにも、エントリーの時点で熟考して損切り注文を置いたら、それについてはあれこれと考えずに、そのままにしておくことが大切です。

チャートでみる損切りの例（その1）

損切りにつきものなのは、自分が損切りしたらトレンドが反転し、「しまった」と思うことです。ここで取り上げるのはユーロ／ドル相場で、そうしたトレンド転換時の損切りを行なった例で、①～⑤は、110ページ**図表2－5**のチャート上に示した番号に対応しています。

①7月25日の安値1・2054（1・2100）から200ポイントリバースしたのが7月26日、翌7月27日寄り付き1・2277でユーロ買い参入。損切りの逆指値は直近の高値、1・2390から200ポイントリバースする1・2150割れに置く。
②8月2日に1・2134まで下落して逆指値執行。約127ポイントの損失確定。
③翌8月3日に1・2392の高値を付けて、再び陽転。翌8月6日寄り付き1・2428で買いエントリー。損切りの逆指値は200ポイントリバースの1・22割れに設定。
④9月17日時点の逆指値は1・2950割れまで引き上げ。
⑤9月20に1・2950割れをみて逆指値が執行されたが、ここは500ポイントの利食いにつながった。

レンジ相場やトレンド転換時は、上下に振られる過程で何度か失敗することもありますが、大

④9月17日　高値1.3172
逆指値は1.2950割れまで上昇
⑤9月20日
逆指値執行
500ポイントの利益確定
1.31
1.30
1.29
1.28
1.27
1.26
1.25
1.24
1.23
1.22
1.21
9
10

図表2-5 ● プロはいつどういう理由で損切りするのか?

きなトレンドに乗ることで結果的に大きく勝てるので、損切りのルールを守って継続することが大切です。

チャートでみる損切りの実例（その2）

次の損切りの例は、乗り遅れた電車に乗った場合です。ここで取り上げるのはユーロ／円相場で、前項と同じように、①～⑥は114ページ**図表2-6**のチャート上に示した番号に対応しています。

①ユーロ／円の上昇トレンドの基点は11月13日の安値101・25から。本来ならここから20ポイントリバースした②の翌日寄り付きでエントリーするところ。

②しかし、第1、第2波動に乗り遅れて第3波動が始まった1月10日の寄り付き115・04で何とかエントリー。損切りの逆指値は113円割れに設定。

③1月14日時点での逆指値は118円割れに引き上げ。翌1月15日に逆指値執行、約3円の利食い。

④翌1月16日寄り付き118・14で売り転換、損切りの逆指値は120円超えに設定。同日中に116・47まで下げたため、逆指値を118・50に引き上げ。

⑤翌1月17日に逆指値執行。約36銭の損失確定。

⑥1月18日寄り付き120・12で買い転換。
⑦再び損切りがついて約2円12銭の損失確定。往復ビンタの繰り返しとなる。売りは様子見とする。
⑧1月24日の大陽線で200ポイントリバースし、さらに揉み合いも上抜けたことから、新たな上昇トレンド形成の動きとみて、翌1月25日の寄り付き121・04で買いエントリー。この時点での逆指値は119円割れ。2月1日時点の逆指値は124・50割れ。その後、2月5日の124・50割れで逆指値が執行されたところで約3円45銭の利益確定となった。

この場合は、乗り遅れた電車に乗った場合でもトレンドが強いため、7円以上のプロフィットにつながりましたが、通常はトレンドが終盤に差し掛かると値動きが荒くなり、往復ビンタで期待収益が大きく減額したり、損失が大きくなったりすることがあるので注意が必要です。

また、乗り遅れた場合には200ポイントリバースだけではなく、「時間足のマド」の修正を活かして押し目や戻りを待って慎重にエントリーするのも手です。

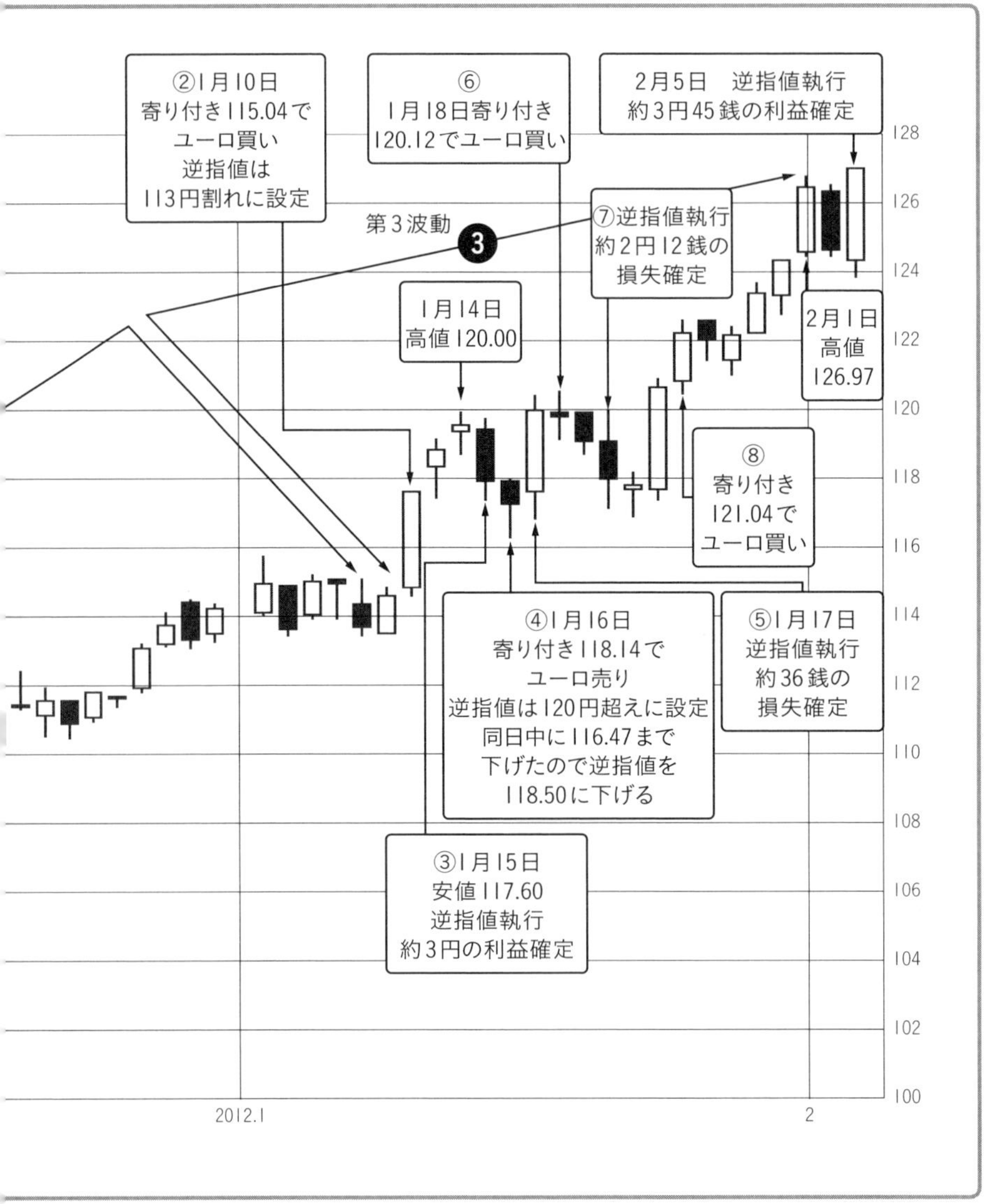
②1月10日
寄り付き115.04で
ユーロ買い
逆指値は
113円割れに設定
⑥
1月18日寄り付き
120.12でユーロ買い
2月5日　逆指値執行
約3円45銭の利益確定
第3波動
3
⑦逆指値執行
約2円12銭の
損失確定
1月14日
高値120.00
2月1日
高値
126.97
⑧
寄り付き
121.04で
ユーロ買い
④1月16日
寄り付き118.14で
ユーロ売り
逆指値は120円超えに設定
同日中に116.47まで
下げたので逆指値を
118.50に下げる
⑤1月17日
逆指値執行
約36銭の
損失確定
③1月15日
安値117.60
逆指値執行
約3円の利益確定
128
126
124
122
120
118
116
114
112
110
108
106
104
102
100
2012.1
2

図表2-6 ● プロはいつどういう理由で損切りするのか？

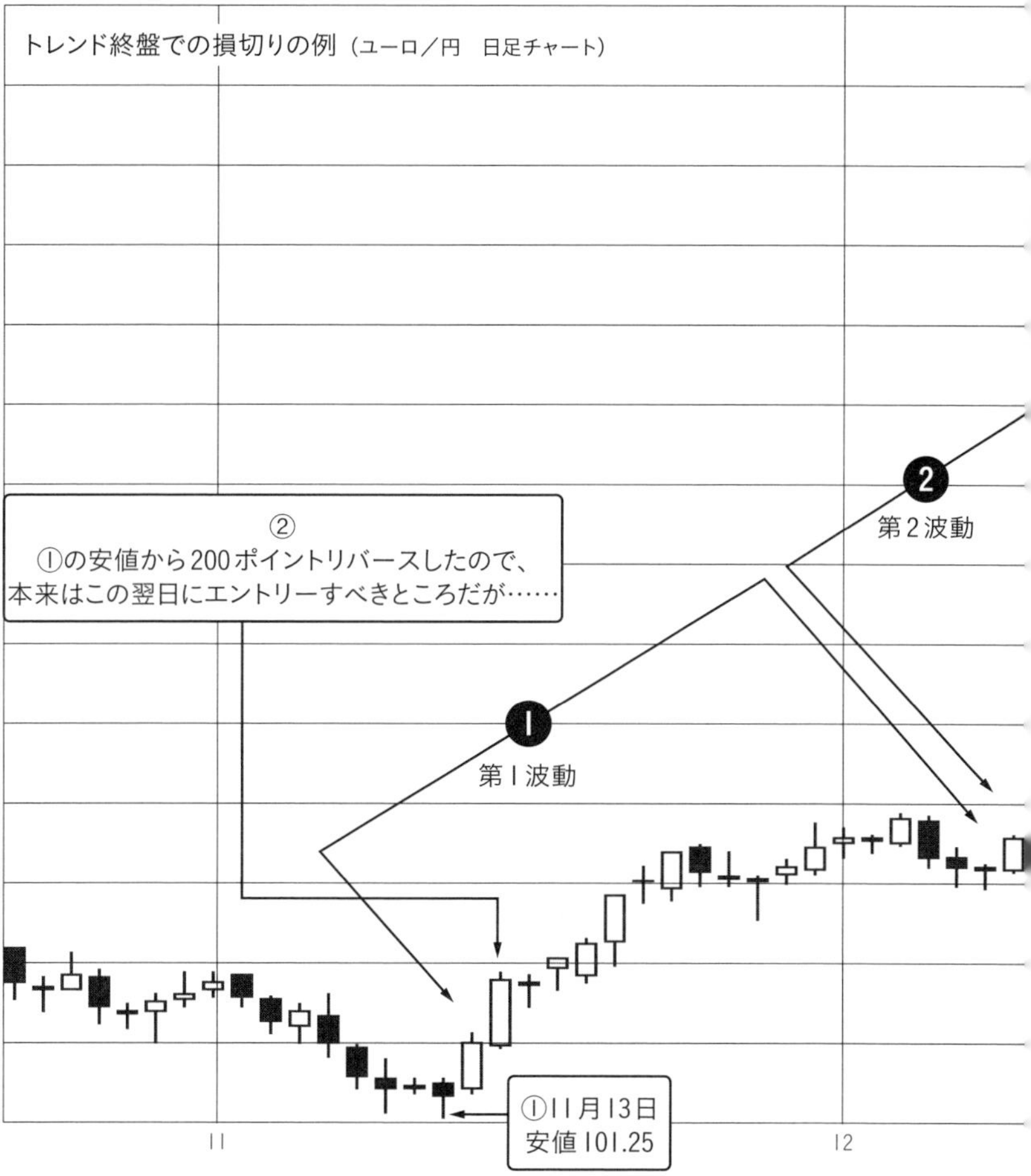
トレンド終盤での損切りの例（ユーロ／円　日足チャート）
②
①の安値から200ポイントリバースしたので、
本来はこの翌日にエントリーすべきところだが……
❷
第2波動
❶
第1波動
①11月13日
安値101.25
11
12

第3章
ポジション操作のテクニック

THE PROFESSIONAL METHOD IN FX TRADE

3-1 利乗せの考え方と方法

「ポジションを操作する」とはどういうことか?

ここまでに、エントリー(仕掛け)とエグジット(利食い、損切り)の考え方と方法について解説してきましたが、単純にエントリーとエグジットを繰り返すだけでは、なかなか利益を伸ばし、損を小さくすることはむずかしいものです。

トレードで儲ける勝ちパターンとしては、利益と損失が同額なら5割以上の勝率が必要ですし、勝率が5割あるいはそれ以下であれば利益が損失よりも大きくなければなりません。一般的には、デイトレードなら勝率を高めることを目指す傾向が強く、スイングトレードなら利益の極大化を目指します。したがって、スイングトレードで勝つためにはいわゆる「損小利大」が不可欠だということです。

では損小利大をどうやって実現したらよいのでしょうか。

実は為替トレードの入門書には、この具体的な方法があまり書いてありません。その結果、「利食いをするときにはなるべくねばって、損切りはすぐに行なうように心がければよい」と勘違いする人がいますが、毎回、同じポジション量でそれを行なうとなかなかうまくいきません。やってみればわかりますが、必然的に利食いで手仕舞う回数は減って、損切りで手仕舞う回数が増えることになりますから、利食いの金額が大きくても、浅い損切りを繰り返していると結果的に、トントンかトータルでは儲からないのです。

プロがいう損小利大というのはそういうことではなく、「ここだ」という場面でポジションをいかに極大化して大きく儲けるか、そうでないときにはいかに小さく淡々と負けるかがポイントなのです。

したがって、「損は小さく、利益は大きく」を実現するためには、もう一つのテクニック、「利乗せとナンピン」を有効に使ってポジション操作を行なうことも必要になるのです（120ページ**図表3－1**）。

「有利になったとき」に乗せる

スイングトレードでポジションを持つときに、中長期のトレンドに対して順張りなのか逆張りなのかによって、利乗せの戦術は大きく変わってきます。

中長期のトレンドに対して順張りであれば、利乗せをしながら大きくとれる可能性が高いとい

図表3-1 ● トレードはエントリー→ポジション操作→エグジットで完結する

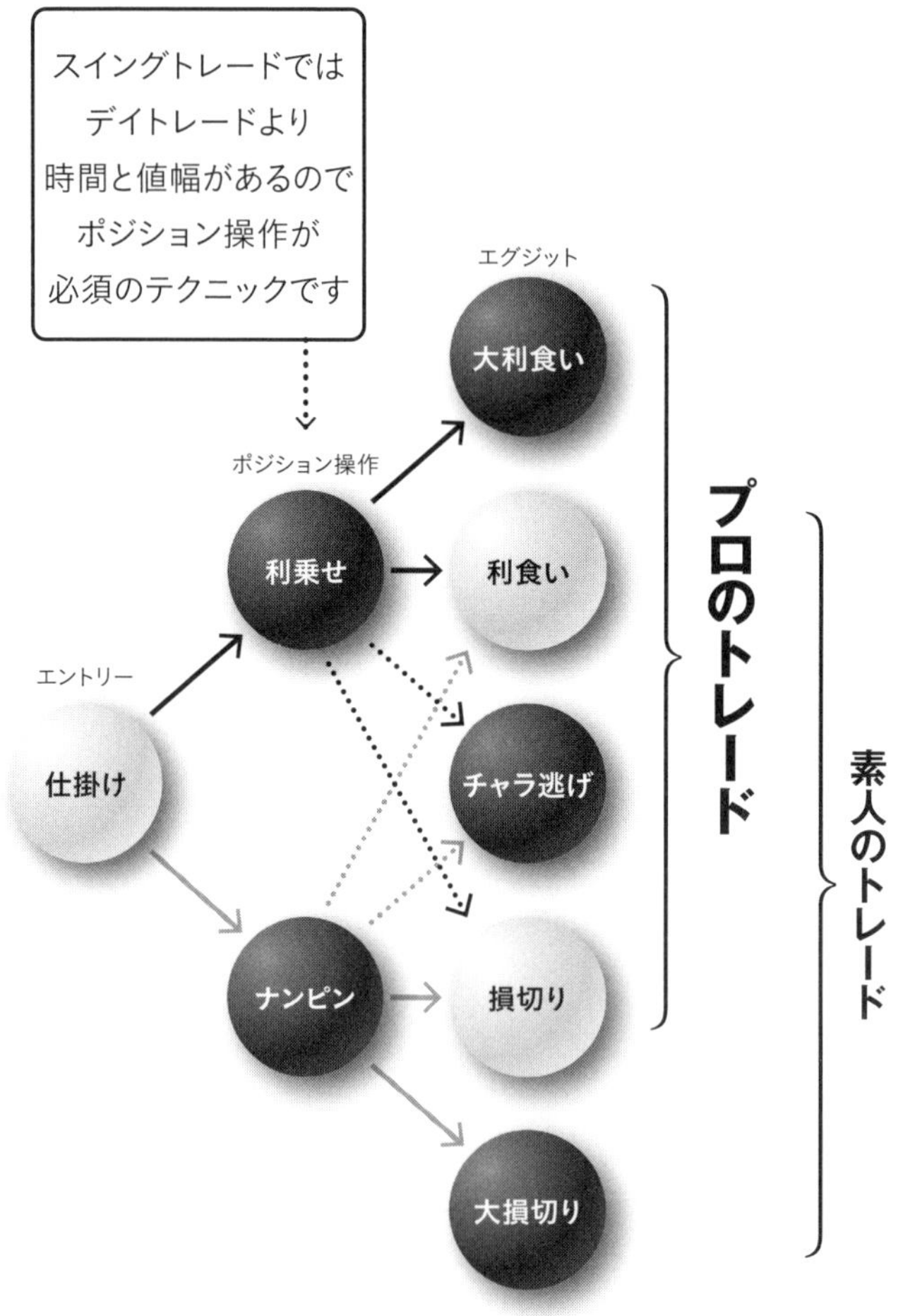

えますし、逆張りであれば、利食いは迅速に、パっと入ってパっと出るのが基本です。
利乗せの具体的な方法には、以下の5つのポイントがあります。

・エントリーが正しいと思ったらすぐに利乗せを考えること

・利益が乗り始めたらポジションを最初の金額の4～5倍くらいまで段階的に増やすこと。増やし方は、チャートポイントを抜けたところで段階的に増やす（利乗せする）こと

・利乗せするためにとったポジションの逆指値は前日足の安値あるいは高値を若干はずれたところに置き、これがついたら、いったんすべてのポジションを手仕舞うこと。この場合は翌朝まで様子見。この時点でもトレンドが変わっていない場合は、最初のエントリー時と同じポジション操作を初めから繰り返すこと。

・エントリーしたポジションに含み損が出た場合は、損切りの手前でナンピンすること。損切りがついたらすべてのポジションを決済すること。

・中長期のトレンドに逆らう場合は、原則として利乗せはしない。損切り近くのナンピンもやらない。ナンピンを試す場合でも小さいポジションで行なうこと。

相場の醍醐味は「利乗せで稼ぐ」ことにあります。相場の面白さは、マーケットが方向転換したところでその流れに上手く乗り、利益の極大化を図ることにあります。ですから、トレンドが出たら勝負に出ます。「勝負に出る」ということは、ポジションを大きくするということです。そのためには、しっかりと利乗せのテクニックを磨くことが大切なのです。

利乗せの注意点

一方、利乗せには非常に怖い面があります。たとえば、1ドル＝80円でドルを買い、81円までドル高が進んだところでさらにドルを買い、82円でまたドルを買うというように、どんどん高値でポジションを増やしていくわけですから、ヘタをするとせっかく利益になっているトレードを台無しにして、それまでの含み益を一気に吐き出してしまうことにもなりかねません。

しかし、利が乗ったときにそれを大きく増やしていくことが、トータルで収益を残していくためのポイントなのです。そのためには、トレンドが続いている限り、利乗せの効果は大きいといえるでしょう。

利乗せのメリットとデメリットについてもう少し考えてみましょう。

メリットは、トレンドが続いている限り、どんどん利益が大きくなっていくことです。たとえば、1ドル＝80円10銭で5万ドルを買い、そのまま82円10銭までドル高が進んだとします。このときの利益は10万円になります。

これに対して、次のように利乗せしていった場合を考えてみましょう。

1ドル＝80円10銭　5万ドル買い
1ドル＝80円60銭　5万ドル買い
1ドル＝81円10銭　5万ドル買い

1ドル＝81円60銭　5万ドル買い

そして、1ドル＝82円10銭までドル高が進んだところで、これまで買い上がってきたドルを一気に売却して利益を確定させます。この場合の利益は、次のようなります。

1ドル＝80円10銭　5万ドル買い……10万円
1ドル＝80円60銭　5万ドル買い……7万5000円
1ドル＝81円10銭　5万ドル買い……5万円
1ドル＝81円60銭　5万ドル買い……2万5000円

したがって、利益の合計額は25万円になります。これが利乗せの効用です。

ただし、これはあくまでも相場が自分の想定したとおり、ドル高トレンドが進んだからです。

逆に、途中でドルが下落に転じ、元の買い値に戻った場合を想定してみましょう。手数料などを除けば、1ドル＝80円10銭で買った5万ドルについては、損失も利益も出ず、いわゆる「行って来い」の状態になっただけです。

これに対して、利乗せしていった場合の損益を計算すると、次のようになります。

1ドル＝80円10銭　5万ドル買い……0円
1ドル＝80円60銭　5万ドル買い……▲2万5000円
1ドル＝81円10銭　5万ドル買い……▲5万円
1ドル＝81円60銭　5万ドル買い……▲7万5000円

ということは、合計で15万円の損失が生じたことになります。

このような失敗にならないようにするためには、トレンドの転換点を見逃さないようにすることが重要です。トレンドの転換点をどう見極めるかについては、第1章のエントリーと第2章のエグジットの方法を参考にしてください。

また、私の場合は、先ほど記したように、「直近に乗せたポジションに損失が生じたら、その時点ですぐに全部のポジションを清算」しますので、当初のポジションがいわゆる「行って来い」になるまでポジションを持っていることはありません。

チャートでみる利乗せの例

それでは実際にどういうタイミングで利乗せを行なうのかをみてみましょう。

まずは長期トレンドを確認します。126ページ**図表3-2**をみると、長期トレンドラインを上抜けしたのが2月足ですが、3月足は31カ月移動平均線を上抜け切れずに終えています。この時点では長期的なトレンドがドル高円安に完全に転換していない状況です。

次に128ページ**図表3-3**をみると、日足ベースで9月13日安値77・13の底から2円（200ポイント）リバースしたのが10月23日の高値77・99ですので（**図表3-3の①**）、短期トレンドの転換と見て、翌10月24日寄り付き79・99でドル買いエントリーします（**図表3-3の②**）。損切りの逆指値は200ポイントリバースが確定する77・50割れに置きます。

1回目の利乗せのポイントは31カ月移動平均線を大きく上抜け（図表3-2参照）、さらに、11月2日の直近の高値80・68をしっかり上抜けた11月15日です（**図表3-3の③**）。翌11月16

日の寄り付きで買って、ポジションを増やします。以降、直近の高値を上抜けたところで利乗せします（**図表3－3の④、⑤**）。

なお、損切りの逆指値は、④の時点での逆指値は直近の高値から200ポイントリバースする81円割れ、さらに⑤の時点での逆指値は87円割れまで上がってきます。短期トレンドが変化した場合に備えて、逆指値も引き上げていくわけです。

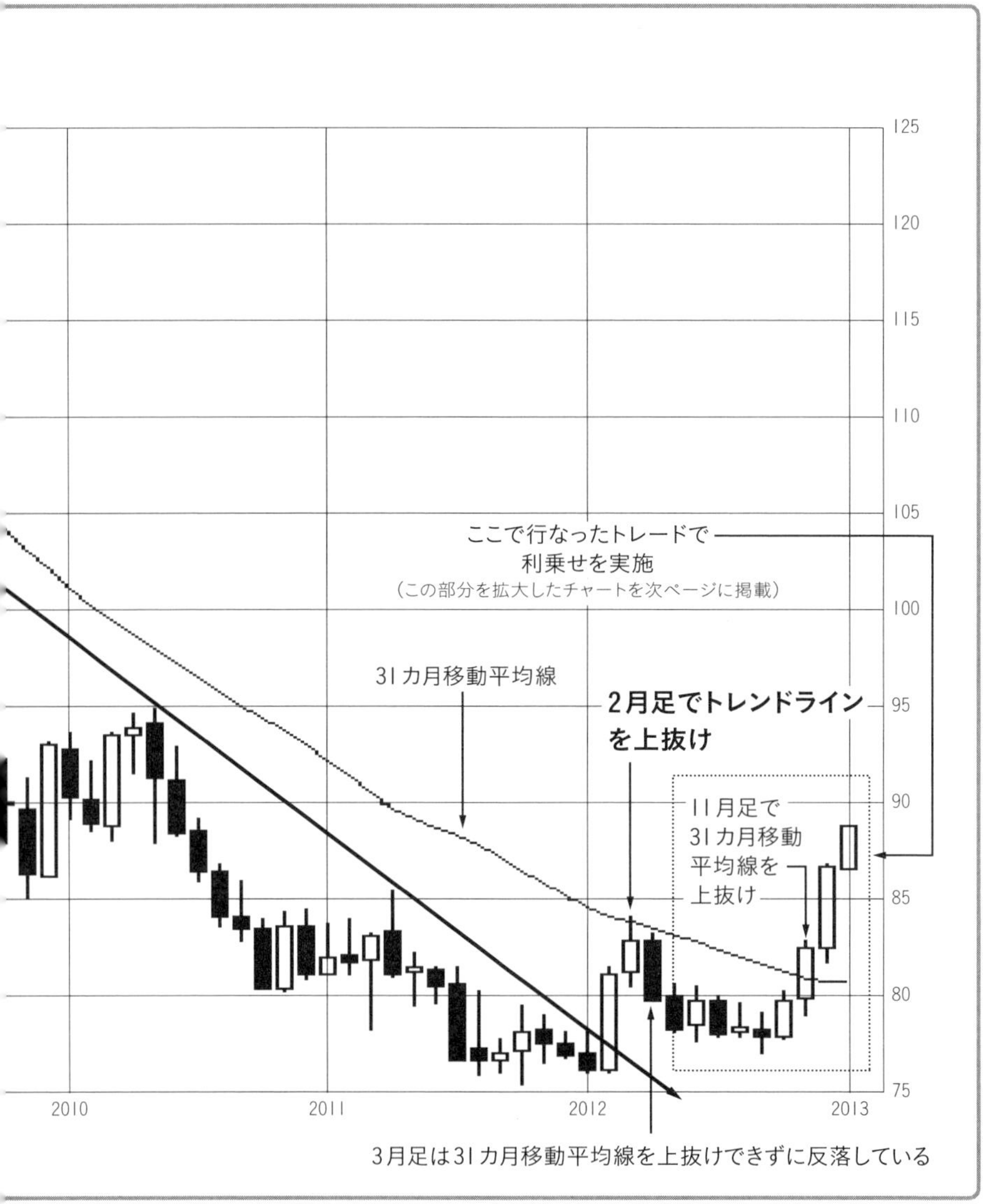

125
120
115
110
105
100
95
90
85
80
75
2010
2011
2012
2013
ここで行なったトレードで
利乗せを実施
（この部分を拡大したチャートを次ページに掲載）
31カ月移動平均線
2月足でトレンドライン
を上抜け
11月足で
31カ月移動
平均線を
上抜け
3月足は31カ月移動平均線を上抜けできずに反落している

図表3-2 ● 利乗せは長期トレンドに順張りのときに行なう（ドル／円 月足チャート）

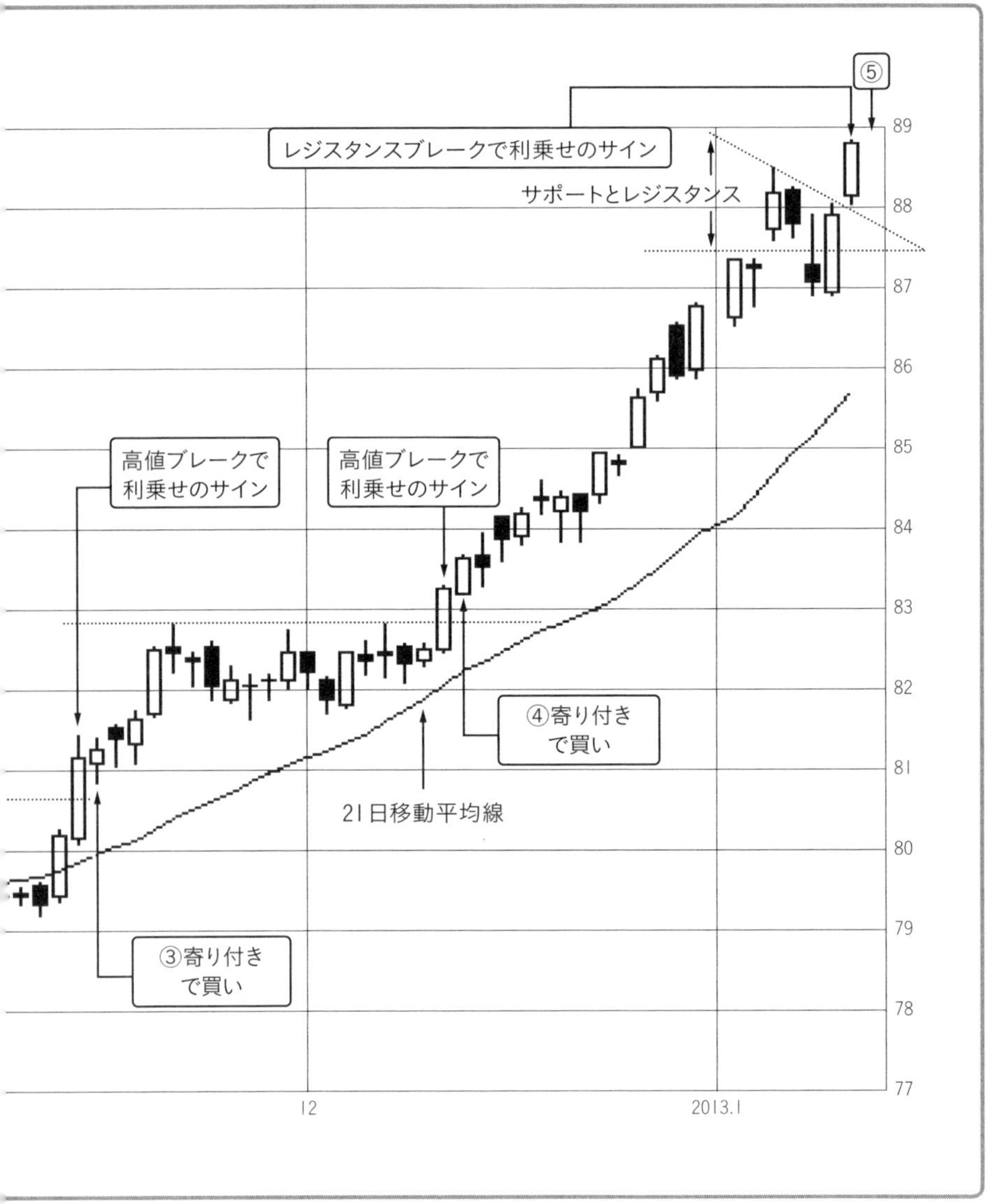
⑤
レジスタンスブレークで利乗せのサイン
サポートとレジスタンス
高値ブレークで利乗せのサイン
高値ブレークで利乗せのサイン
④寄り付きで買い
21日移動平均線
③寄り付きで買い
89
88
87
86
85
84
83
82
81
80
79
78
77
12
2013.1

図表3-3 プロはいつどういう理由で利乗せするのか？（ドル／円 日足チャート）

3-2 ナンピンの考え方と方法

ナンピンは禁じ手ではない

「大きく勝つ」ために利乗せを活用するのに対し、「小さく負ける」ために、状況によってはナンピンも活用します。

ナンピンというのは、「難平」と書きます。自分がもっているポジションに損失が生じたとき、同じ額で再度ポジションを増やすことで、最初のポジションに生じた損失の回復を容易にするのが目的です。

しかし、ナンピンはそもそも自分のポジションが含み損を抱えた状態ですから、使い方を間違えるとともないことになります。読んで字のごとくポジションを「平らにする」のは「難しい」のです。トレンドが合っている（正しいエントリー）場合、ナンピンは有効ですが、間違ったトレンドに乗っている場合、ナンピンは逆効果となります。ですからナンピンは1回限り、トレンドが合っているなら損失を減らす、あるいは利益につながる可能性もありますが、損切りがついてしまった場合はきちんとすべて決済して仕切り直すことです。

たとえば、80円で1万ドルの買いポジションを持ったとします。このときの損切りは200ポイントリバースの78円割れです。その後、1ドル＝79円までドル安・円高が進んだとき、もう一度、そこで1万ドルを買えば、平均の買いコストを1ドル＝79円50銭にすることができます。でもこのやり方は間違いです。そうではなく、ナンピンするなら損切りポイントの78円に限りなく近いところまで我慢するのです。

たとえば78円15銭でナンピンしたとします。そして残念なことに損切りが77円95銭で付いたとします。その場合でも損失額は80円で買ったものを合計しても大して変わりませんし、これがつくようならトレンド転換とみて、戦略をドル売りに転換すればいいわけです。また、78円割れをみないで反発に転じた場合はエントリーが正しかった可能性が出てきます。80円近くまできたらいったん逃げて作戦を立て直すなり、あるいは80円を超えてきたら利乗せで攻めることもできますが、経験則では80円の手前までしか戻らない確率のほうがやや高くなります。

このようにナンピン自体は不遜なイメージが強く、FXの入門書では「ナンピンはすべてダメ」と書いてあることもありますが、使い方次第では有効活用もできるわけです。

ちなみに、FXの場合、必要証拠金に対して一定の率で損失が生じたら、その時点で自動的にロスカットしてくれるしくみになっています。しかし通常、強制ロスカットというのは、必要証拠金に対して8割前後の損失が生じた時点で実行されます。ということは、それが実行された時点で、持ち金は8割方減価していることになります。そこまで深手を負ってしまったら、まず立ち直ることはできません。

そのような目に遭わないためには、「上手な負け方」を会得することが大切になります。トレードは一発勝負ではありませんし、常に勝ち続けることもできません。勝ち負けを繰り返しながら、トータルで利益を残していくために、先ほど解説した利乗せと、このナンピンが重要なのです。

ギリギリまで引きつけることが大切

上手にナンピンするには以下の4つのポイントがあります。

- **ナンピンするのは1回限り、上限でも最初のトレードで持ったポジションと同数分（トータルでレバレッジ10倍）だけにすること**
- **損切りポイントのギリギリのところまで引き付けてナンピンすること**
- **ナンピンしたポジションを清算する場合は、基本的にそれまでの損失分がチャラに近づいたところで諦めること。あるいはナンピンしたポジションも損切りとなる覚悟をすること。**

というのは、前述のとおり、エントリーが正しければ、損切りがつかないことが多いものです。それに反してエントリーが間違っていた場合は、持ち値に近い水準まで戻っても利益にはつながらずに、結果的にはナンピンした分まで損切りする羽目に陥ることになります。このあたりの判断はポジションを持っている自分にしかできないのです。

●ナンピンしてもアゲインストの状態が続き、当初の損切りポイントに達してしまった場合は、すべてのポジションを損切りすること

とにかく、ナンピンを考えるという時点で負け戦ですから、心理的にもよい状態ではありません。ナンピンした後でその相場が戻ったら、いったん逃げてから仕切り直すほうが無難でしょう。相場はなくなるわけではありませんし、チャンスはいつでもありますから、被害を最小限に留めて退却し、次の局面でいかに利益を挽回するかについては後で考えればよいのです。

ナンピンの注意点

ナンピンはリスクを伴うものです。安易に値ごろ感でやるべきではありません。

そもそも、ナンピンしたところで相場が止まるかどうかは、誰にもわかりません。ここに非常に大きなリスクがあります。

そういう事態を避けるために、先ほど記したルールが大切になるのです。

大切なことは、あらかじめ自分自身でしかるべき損切りポイントを決めておき、そこに達したらすべてのポジションを確実に損切りすることです。

次に、ナンピンを考える際には、中長期のトレンドに対して、どのようなポジションを持っているかによって対応が変わってきます。

たとえば、大きな流れがドル上昇トレンドだとします。この流れのなかでドルを買ったとします。この場合、多少下げたとしても、再び相場は元の水準に戻ってくる可能性が高いといえます。ですから、ナンピンするという戦術も十分に有効であると考えられます。

ところが、大きな流れが上昇トレンドのときにドル売り、すなわち逆張りで入った場合というのは、アヤを取りにいっているということです。だとすれば、ポジションが損切りポイントに近づいてきた場合に、再び戻ってくる可能性は低くなります。ですから、アヤを取りにいく場合は、逃げ足を早くするのが基本戦術で、ナンピンは極力控えるべきなのです。

チャートでみるナンピンの例

図表3－4はナンピンのポジションが利益につながった例です。

ドル上昇トレンドに乗ってドル買いポジションを保有中のチャートです。1月17日の高値は90・14。200ポイントリバースにしたがって逆指値は88円割れにあります。

1月23日の東京市場寄り付きは88・54。その後、続落したのを見て88・15に指値をしてナンピンします。

図表3-4 ● プロはいつどういう理由でナンピンするのか?

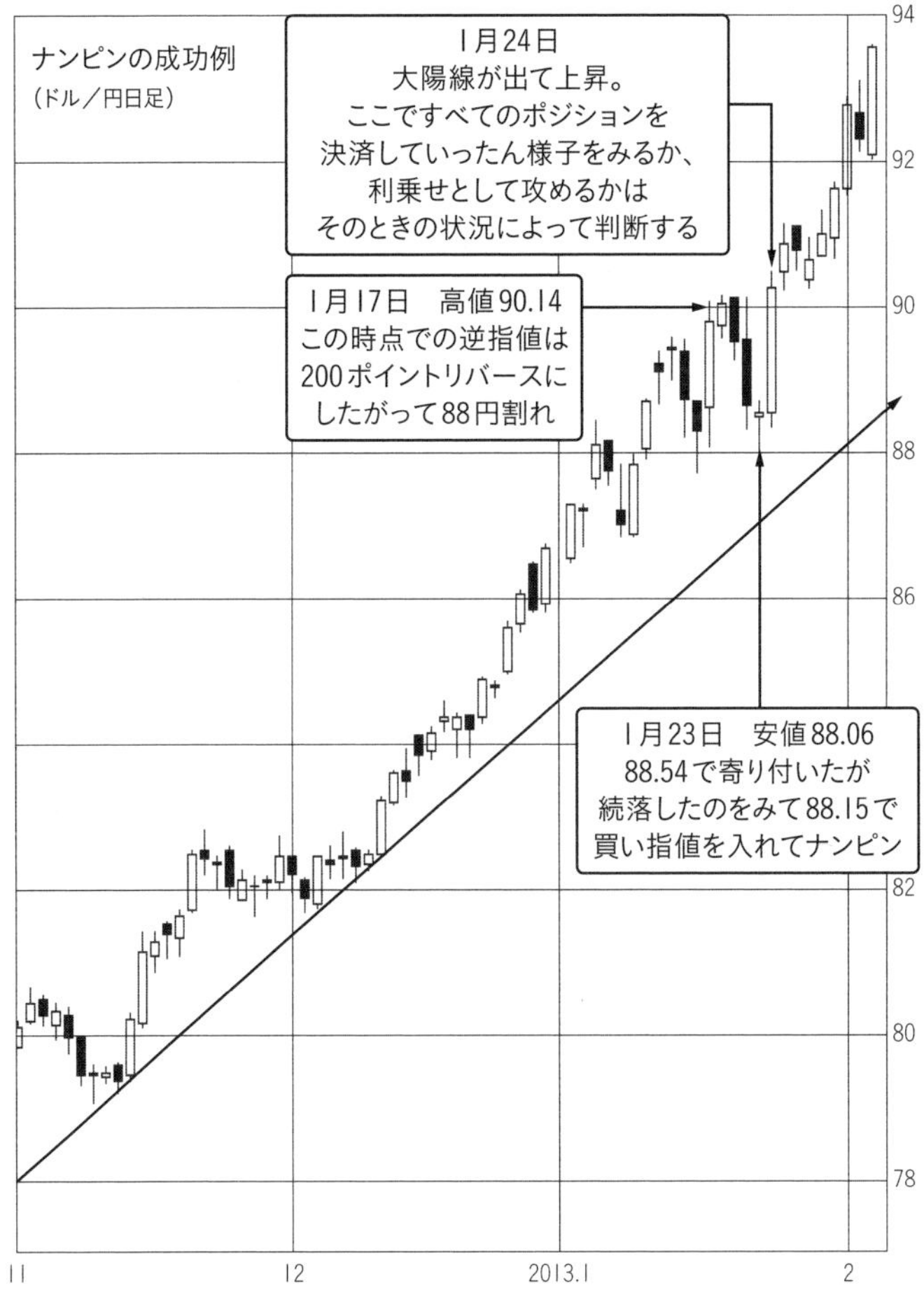

ナンピンの成功例
(ドル/円日足)
1月24日
大陽線が出て上昇。
ここですべてのポジションを
決済していったん様子をみるか、
利乗せとして攻めるかは
そのときの状況によって判断する
1月17日　高値90.14
この時点での逆指値は
200ポイントリバースに
したがって88円割れ
1月23日　安値88.06
88.54で寄り付いたが
続落したのをみて88.15で
買い指値を入れてナンピン
94
92
90
88
86
82
80
78
11
12
2013.1
2

図表3-5 ● プロはいつどういう理由でナンピンするのか？

1月17日
寄り付き117.81で売り。損切りの逆指値は118.50に設定。
日中に118.40でナンピンしたものの、同日中に損切りポイントを超えたため逆指値執行
1月14日
高値120.13がついたので、
逆指値を118円割れに設定
ナンピンの失敗例
（ユーロ／円日足）
1月16日
安値116.47
逆指値執行
128
126
124
122
120
118
116
114
112
110
108
106
104
102
100
12
2012.1
2

翌1月24日の足は大陽線となり、高値90・54まで上昇しました。

このように、トレンドに順張りの場合はナンピンが成功することも多くあります。

図表3－5はナンピンして損切りとなった例です。

ユーロ上昇トレンドに乗って103・69が持ち値のユーロ買いポジションを保有中です。1月14日現在の高値は120・13で、この時点での逆指値は200ポイントトリバースにしたがって118円割れに設定中です。

1月16日に118円割れの逆指値が執行。この場合でも103円台で持っていたユーロ・ロングポジションの利食いとなりました。

200ポイントリバースしたので、翌1月17日の東京市場寄り付き117・81でユーロ売りに転換。この時点の損切り逆指値は前日116・47から200ポイントトリバースする118・50超えです。日中118・40でナンピンしましたが、1月17日中に損切りポイントを超えてしまい、逆指値執行。当初のポジションで約70銭の損失、ナンピンしたポジションで10銭の損失確定となりました。

3-3 これがプロのスイングトレードだ

すべてのテクニックを臨機応変に使う

ここまで、エントリー（仕掛け）、エグジット（利食い、損切り）、ポジション操作（利乗せ、ナンピン）の方法について解説してきました。

それでは最後に、チャートをみながらそれらを総合したトレードを解説してみましょう。すべて私が実際に2012年に行なったユーロ／円のスイングトレードです。基本的には本書で解説したトレンドラインを使用しただけのシンプルな手法で、逆指値の損切りも本書で解説した20ポイントリバースを使用しています。

140ページ**図表3－6**のユーロ／円の日足チャートには売買を行なったポイントだけ書き込んでいます。どのような理由でそれを行なったかわかりますか？

それぞれ拡大したチャートA（142ページ**図表3－7**）、B（146ページ**図表3－8**）、C

（150ページ図表3－9）、D（152ページ図表3－10）をみながら詳しく解説していきます。

Aの場面の解説

（1）トレンドライン①を実体ベースで下抜けた翌日の4月30日寄り付き106・39で売りエントリー。逆指値は直近の高値108・00より上の108・10に置き、以降の逆指値は高値から200ポイントトリバースするポイントに順次変更。

（2）サポートライン②を下抜けて下げ幅がさらに拡大する可能性をみて、105・50で1回目の利乗せ売り。

（3）5月22日の足が上値トライに失敗して引けたことを確認して、5月23日寄り付き101・31で2回目の利乗せ売り。この時点での逆指値は103・50超え。同様に6月1日時点での逆指値は98・00超えまで下降。同日の日足が寄せ線に近いタクリ足が出ており、トレンド変化が近い可能性があったが、そのまま98円超えの逆指値を維持。

（4）6月6日に98円を超えたところで逆指値執行。結果は（106・39＋105・50＋101・31）÷3＝持ち値104・40で6円40銭×3の利益確定。

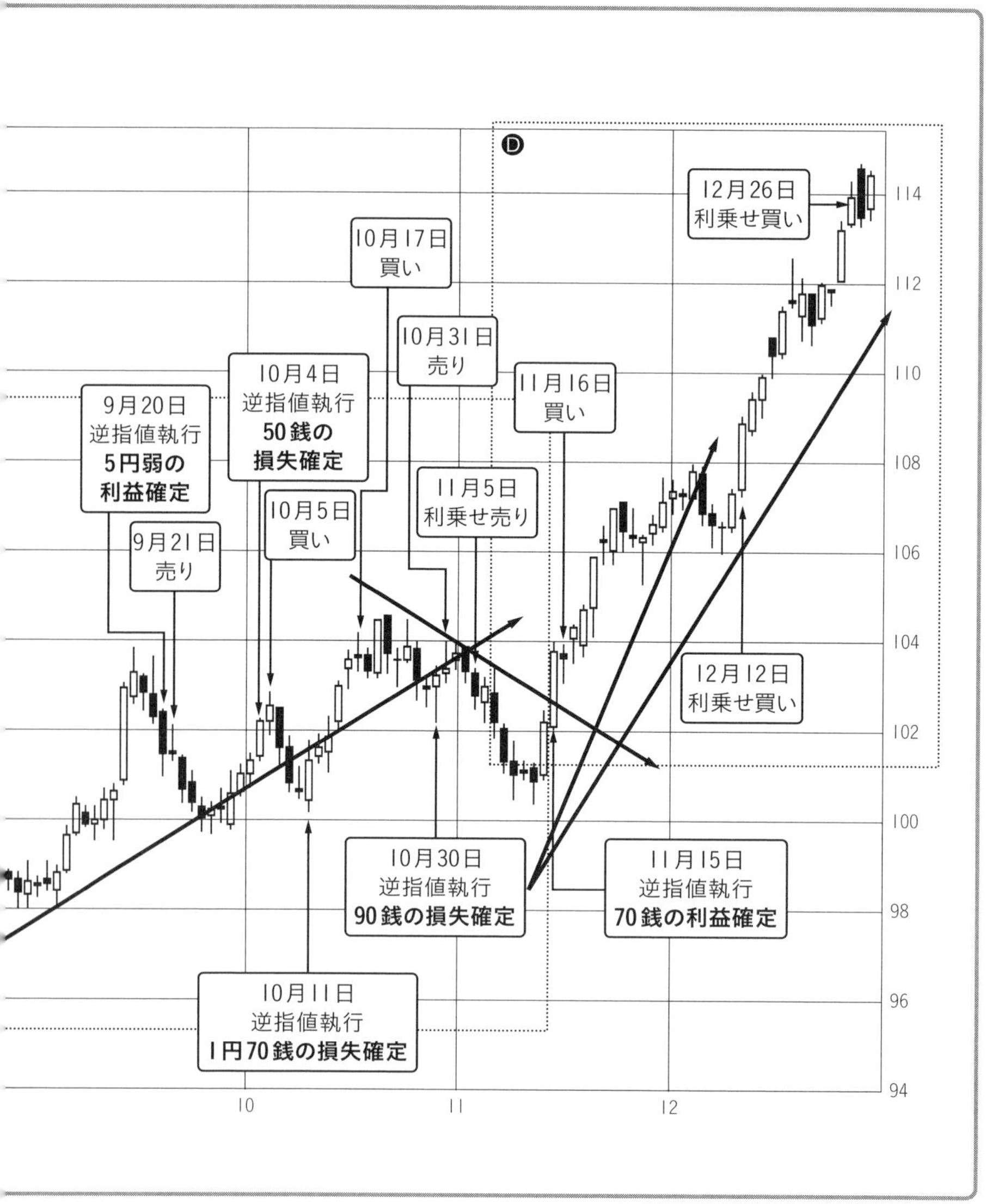
D
12月26日
利乗せ買い
10月17日
買い
10月31日
売り
11月16日
買い
10月4日
逆指値執行
50銭の
損失確定
9月20日
逆指値執行
5円弱の
利益確定
10月5日
買い
11月5日
利乗せ売り
9月21日
売り
12月12日
利乗せ買い
10月30日
逆指値執行
90銭の損失確定
11月15日
逆指値執行
70銭の利益確定
10月11日
逆指値執行
1円70銭の損失確定
114
112
110
108
106
104
102
100
98
96
94
10
11
12

図表3-6 ● これがプロのトレードの定石だ（ユーロ／円日足チャート）

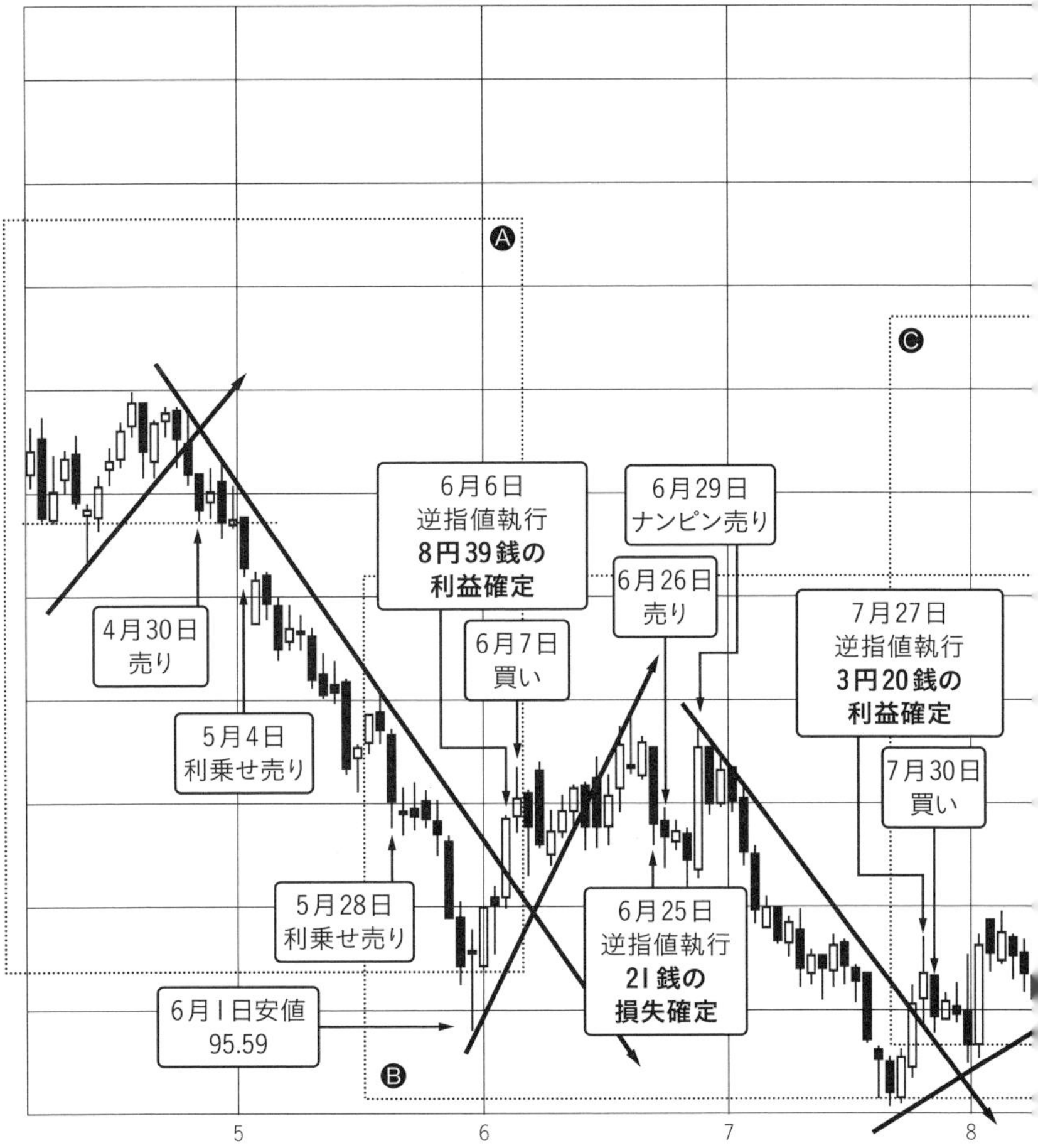

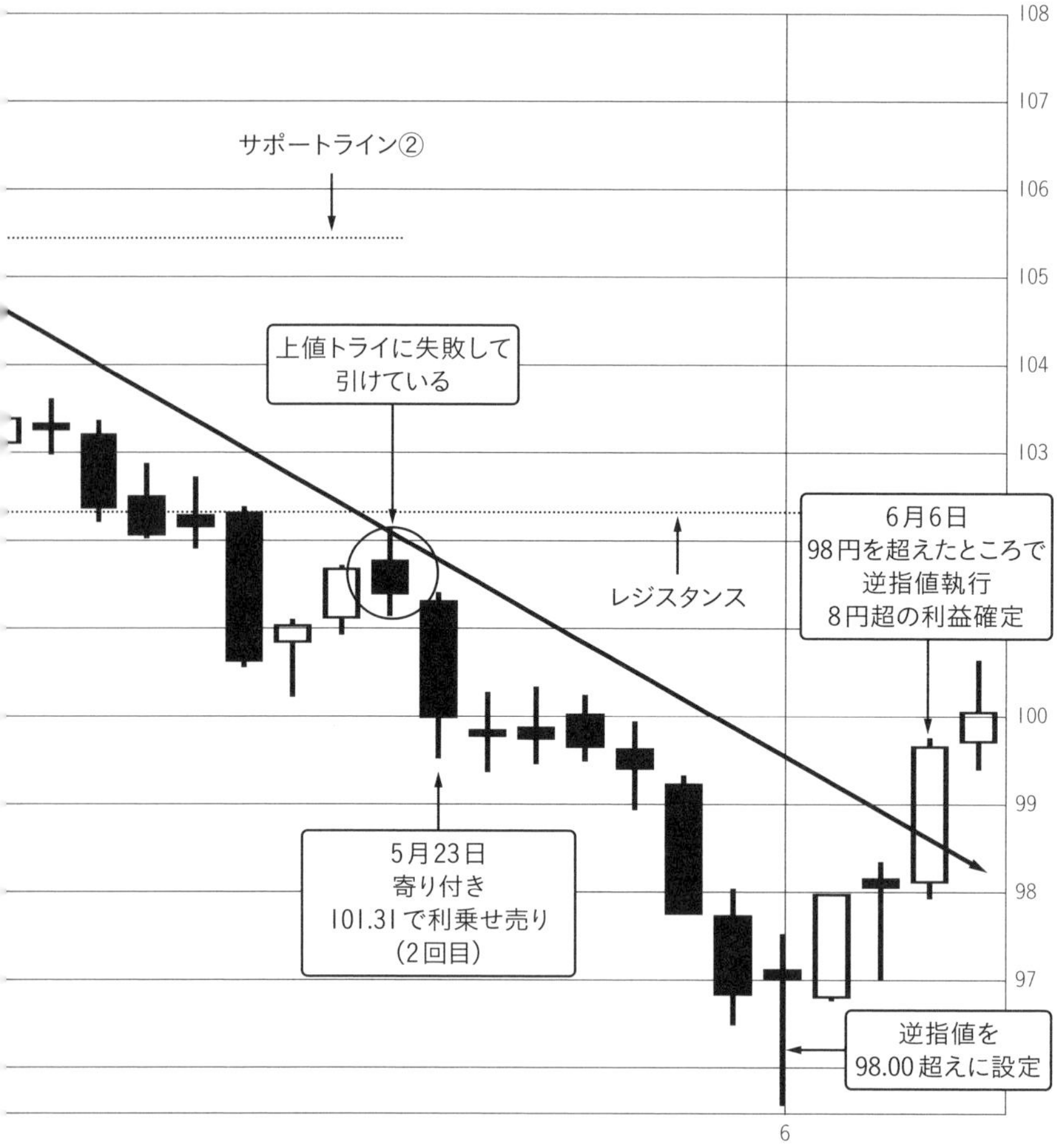
サポートライン②
上値トライに失敗して
引けている
レジスタンス
6月6日
98円を超えたところで
逆指値執行
8円超の利益確定
5月23日
寄り付き
101.31で利乗せ売り
(2回目)
逆指値を
98.00超えに設定
108
107
106
105
104
103
100
99
98
97
6

図表3-7 ● 図表3-6の【A】の場面を拡大したチャート

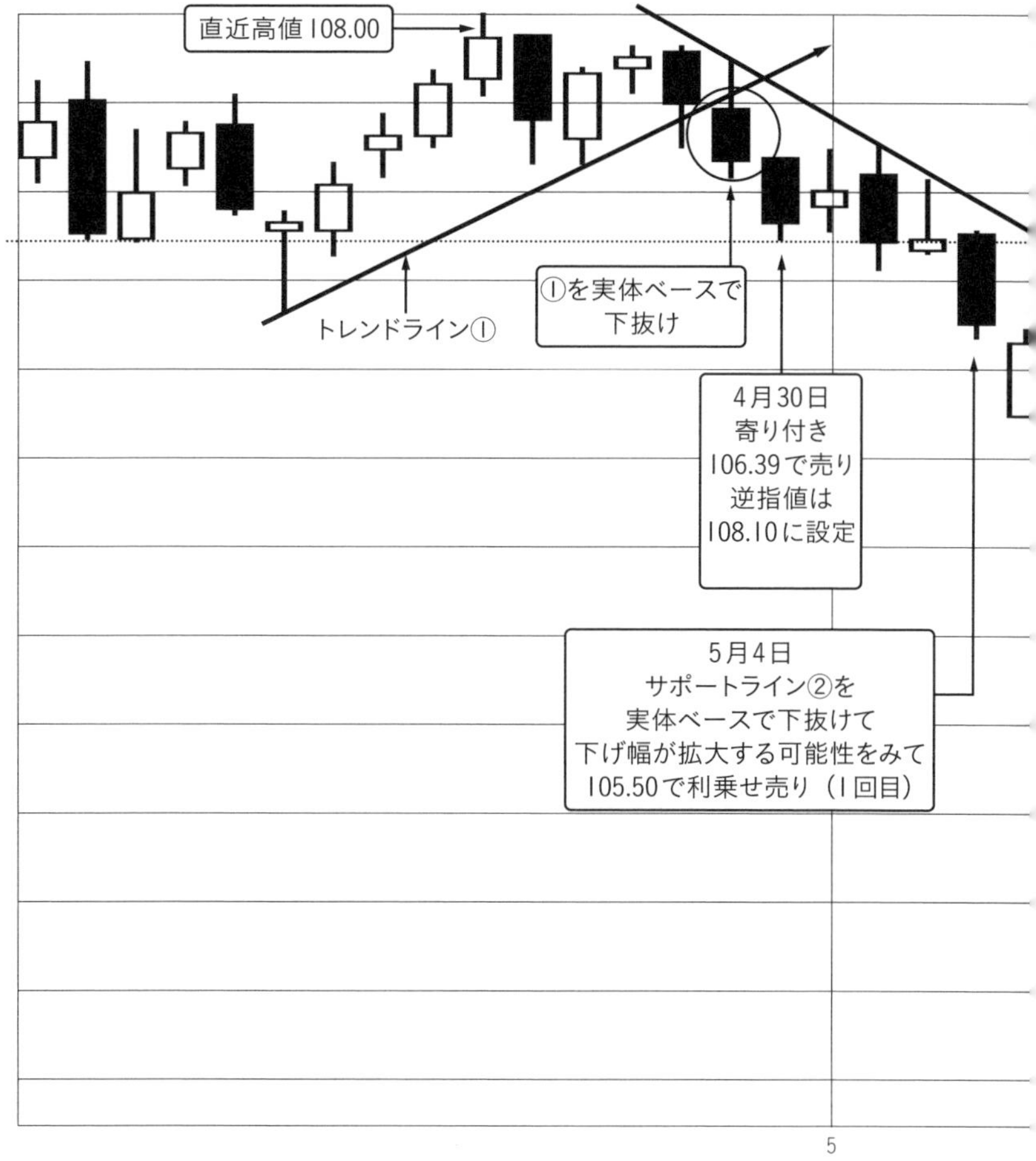

直近高値108.00
①を実体ベースで
下抜け
トレンドライン①
4月30日
寄り付き
106.39で売り
逆指値は
108.10に設定
5月4日
サポートライン②を
実体ベースで下抜けて
下げ幅が拡大する可能性をみて
105.50で利乗せ売り（1回目）
5

Bの①の場面の解説

（1）6月7日寄り付き99・71で買いエントリー。逆指値は200ポイントリバースの97・50割れに設定。当日高値が100・63で逆指値を98・50割れに変更。

（2）6月15日のNY終値がトレンドラインを下抜けて終えたが、ポジションはそのまま維持。

（3）6月21日高値101・63をみたため99・50割れに逆指値変更。6月25日逆指値執行。結果は約21銭の損失確定。

Bの②の場面の解説

（4）6月25日にトレンド転換を確認、翌6月26日寄り付き99・60で売り参入。逆指値は101・50超えに設定。

（5）6月29日に逆指値に接近。逆指値の手前、101・30でナンピン。逆指値はナンピン分と一緒に101・50超えに設定。

（6）6月29日高値は101・40で折り返す。7月24日現在、逆指値は96・50超え。7月27日96・50超えで逆指値執行。結果、約3円20銭の利益確定。

column 2

チャートポイントやトレンドについて毎日ブログを更新しています

この本では、私が日常行なっているトレードのやり方について、一般の個人投資家でも普通に取り組むことができるシンプルさを第一に考えながらやさしく解説しました。

ぜひとも、参考にしていただき、為替トレードのスキルを向上させ、トレードを楽しみながら、上手に儲けてください。

また、チャートポイントやトレンドの方向については、毎日、ブログ「川合美智子の為替相場と楽しく付き合う方法」（http://www.trade-trade.jp/blog/kawai/）で更新しています。

長期トレンドと短期トレンドがどうなっているのか、相場が調整する可能性はどのあたりまでありそうか、トレンドが転換するポイントはどこかなど、私が日々、分析した相場観を綴っていますので、ぜひとも参考にしてみてください。

本業が忙しいときには更新が遅れてしまうこともありますが、数日から数週間のスイングトレードの参考にするのであれば、支障なく使えると思います。

また、東京・人形町界隈のグルメ情報も充実していますので、こちらもオススメですよ。

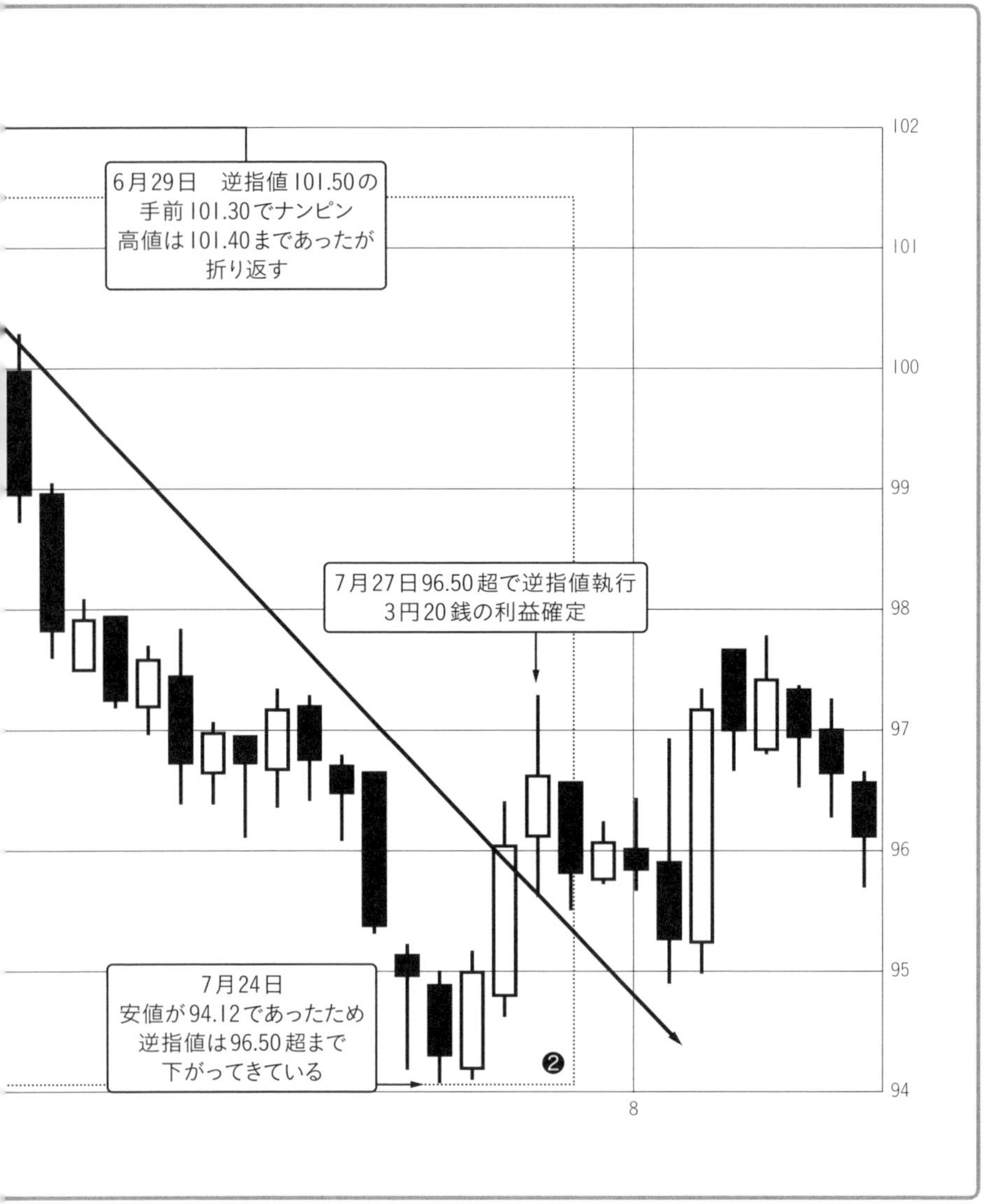
6月29日　逆指値101.50の
手前101.30でナンピン
高値は101.40まであったが
折り返す
7月27日96.50超で逆指値執行
3円20銭の利益確定
7月24日
安値が94.12であったため
逆指値は96.50超まで
下がってきている
❷
102
101
100
99
98
97
96
95
94
8

図表3-8 ● 図表3-6の【B】の場面を拡大したチャート

6月6日に200ポイントリバースとトレンドラインを
上抜けしたので翌6月7日寄り付き99.71で買い。
逆指値は97.50割れだが、当日高値が100.63まであったので
98.50割れに変更
6月21日
逆指値を
99.50に
設定
6月25日
逆指値執行
21銭の損失確定
6月15日
実体がトレンドラインを
下抜けているが
ポジションは維持
❶
6月26日
200ポイントリバースしたので
寄り付き99.60で売り
逆指値は101.50超えに設定
6

Cの場面の解説

（1）7月24日の94・12銭の安値から200ポイントリバースしてトレンド転換を確認した翌7月30日寄り付き96・59で買いエントリー。この時点での逆指値は前日高値97・33から200ポイントリバースする95円割れ。

（2）9月17日時点の逆指値は101・50割れ。9月20日に逆指値執行。結果は約5円の利益確定。

（3）9月21日寄り付き101・47で売りエントリー。逆指値は前日安値100・95からの200ポイントリバース地点の103・00超え。

（4）9月27日現在、逆指値は102・00超え。10月4日に逆指値執行。この時点で約50銭超の損が確定。

（5）10月5日寄り付き102・17で買いエントリー。逆指値を100円割れに置く。翌10月8日に逆指値を100・50割れに変更。

（6）10月11日逆指値執行。約1円70銭の損失確定。

（7）10月11日の安値100・11から200ポイントリバースを10月16日に確認。翌10月17日の寄り付き103・36で買いエントリー。逆指値は101円割れ。

（8）10月23日時点での逆指値は102・50割れ。10月30日に逆指値執行。約90銭の損失確定。

（9）10月31日寄り付き103・28で売りエントリー。逆指値は10月30日の安値102・19から200ポイントリバースする104・50超え。

（10）11月2日の日足がトレンドラインを実体ベースで切ったところをみて、翌11月5日寄り付き103・24で利乗せ売り。逆指値は104・50で変わらず。

Dの場面の解説

（1）Cで売ったポジションの逆指値は11月13日時点で102・50超え。11月15日に逆指値執行。（103・28＋103・24）÷2＝持ち値103・26で70銭超×2の利益確定。

（2）11月13日の安値100・33から200ポイントリバースを11月15日に確認、翌11月16日寄り付き103・69で買いエントリー。逆指値は前日11月15日の高値から200ポイントリバースの101・50割れ。翌11月17日に逆指値を102円割れに変更。

（3）12月5日現在、逆指値は105・50超え。

（4）12月12日に上値抵抗をしっかり上抜けた108・20で1回目の利乗せ買い。12月12日現在、逆指値は107円割れ。

（5）12月26日揉み合いを上抜けた寄り付き112・09で2回目の利乗せ買い。12月31日現

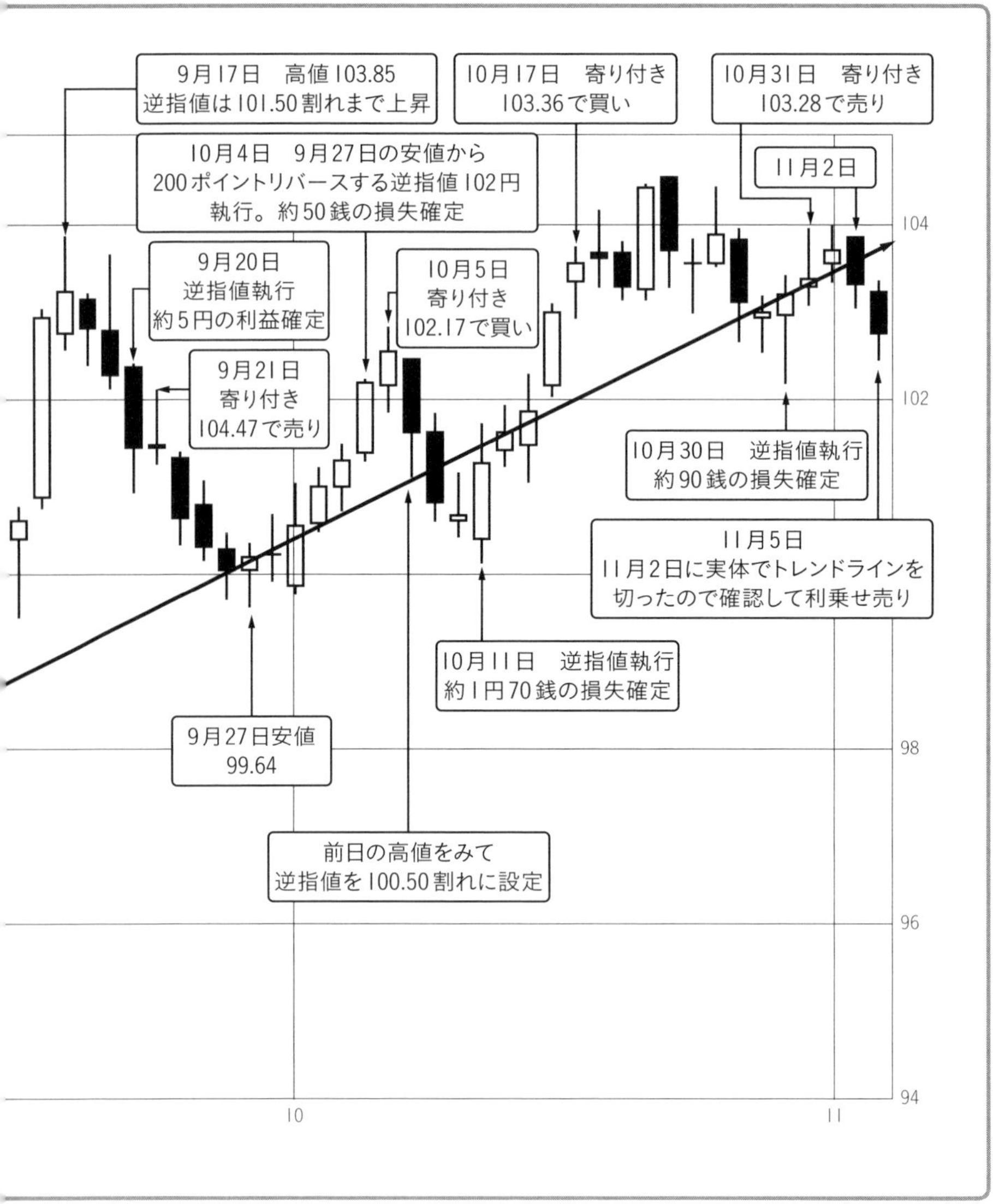
9月17日　高値103.85
逆指値は101.50割れまで上昇
10月17日　寄り付き
103.36で買い
10月31日　寄り付き
103.28で売り
10月4日　9月27日の安値から
200ポイントリバースする逆指値102円
執行。約50銭の損失確定
11月2日
9月20日
逆指値執行
約5円の利益確定
10月5日
寄り付き
102.17で買い
9月21日
寄り付き
104.47で売り
10月30日　逆指値執行
約90銭の損失確定
11月5日
11月2日に実体でトレンドラインを
切ったので確認して利乗せ売り
10月11日　逆指値執行
約1円70銭の損失確定
9月27日安値
99.64
前日の高値をみて
逆指値を100.50割れに設定
104
102
98
96
94
10
11

図表3-9 ● 図表3-6の【C】の場面を拡大したチャート

7月27日に200ポイントリバースしたので
翌7月30日の寄り付き96.59で買い。
逆指値は95円割れ
7月27日高値
97.33
7月24日
94.12
8
9

114
112
110
108
106
104
102
100
12月12日
1回目の利乗せ買い
108.20
12月26日
2回目の利乗せ買い
112.09
12月10日安値
105.98

図表3-10 ● 図表3-6の【D】の場面を拡大したチャート

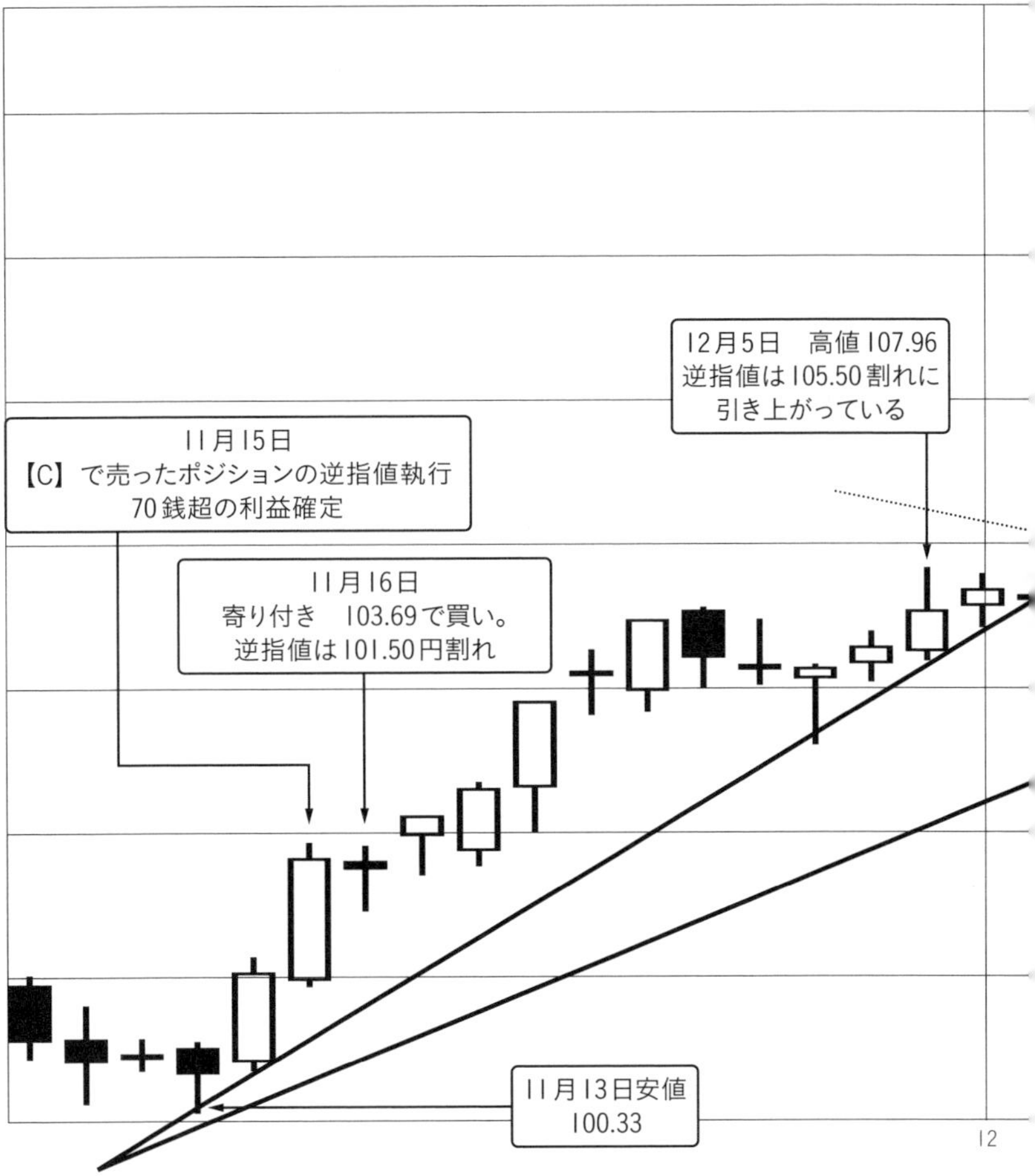

在、逆指値は１１２・５０割れ。

（６）この時点での持ち値は（１０３・６９＋１０８・２０＋１１２・０９）÷３≒１０８・００となる（１月14日時点の逆指値を１１８・００割れまで引き上げた後、15日に逆指値が執行された）。

（※）（４）、（５）の利乗せは筆者の経験則から上抜けの可能性が高いと判断して、「翌日の寄り付き」ではなく「当日の寄り付き」で行なっていますが、ダマシの可能性に備えて、利乗せの逆指値は、（４）では前日足の安値１１６・４７より少し下の１１６・４０に、（５）ではやはり前日足の安値１１１・５５の少し下の１１１・５０に置き、これがついたらポジションのすべてを決済するオーダーを出しています。抜けるかどうか定かではない場合は、時間足をみながら判断するか、翌日の寄り付きでしっかり上抜けたのをみて利乗せするのがよいでしょう。

第 4 章

プロは知っている相場で勝つための応用テクニック

THE PROFESSIONAL METHOD IN FX TRADE

4-1 通貨の動きや市場のクセを知っておこう

流動性の低い通貨には「信用できるトレンド」が発生しない

個人トレーダーの場合、取引している通貨ペアは実にさまざまです。おそらくドル／円、ユーロ／円、豪ドル／円、英ポンド／円、ニュージーランドドル／円といった、基本となる通貨ペアのなかでも、相対的に金利水準の高いものに人気が集まっています。加えて、トルコリラ／円、南ア・ランド／円といった新興国の通貨ペアも、金利水準が高いため人気が高いのです。

このように、個人トレーダーの方たちは、本当にさまざまな通貨ペアの動きを見ていますし、実際にポジションも持っています。

しかし、トレードをするための通貨は何がよいのかということになると、実は対象はかなり絞られてきます。

たとえばトルコリラ／円や南アフリカランド／円は、確かに金利面での魅力はあります。しかし、純粋にトレードの対象となる通貨かどうかといわれれば、それは「ノー」です。というのも、トルコリラも南アフリカランドも、世界の貿易取引に使われている通貨ではないので、外国為替市場での取引高がほとんどないからです。つまり、流動性が非常に低い通貨なのです。

流動性のない通貨は、わかりやすくて信用できるトレンドが発生しません。これは、トレンドフォロワーとしてトレードをしている投資家にとっては致命的です。また、流動性に乏しい通貨ペアは、相場の値動きも必要以上に荒くなります。たとえばリーマンショックのとき、ユーロ／円は二十数％下げましたが、豪ドル／円の下落率はなんと50％近くまで達していました。

金利が高いというのは、魅力のひとつではあります。ただ、金利が高いということは、要は海外から資金を調達しなければならない状況にあるということです。

そして、高い金利を目的にして入ってくる資金は、逃げ足の速い投機マネーでもあります。こうした資金は投資リスクが高まると、あっという間に逃げ出します。結果、為替レートも乱高下するのです。このように、予測不能な動きをする通貨はトレードには向きませんし、トレードするなら買われすぎや売られすぎが起こりやすいことを認識しておくべきです。

メジャー通貨なら落ち着いて対応できる

したがって、トレードに適した通貨といえば、ドル／円、ユーロ／円、そしてユーロ／ドルといったところが中心になります。オーソドックスではありますが、いずれも外国為替市場では情報も得やすく豊富な取引量があるために、チャート分析においても正しいトレンドを把握することが比較的容易で、乱高下を起こした場合でも他通貨に比べて対処しやすく、しかも流動性リスクをそれほど心配する必要がないからです。

これらの通貨ペアは、裏づけのある実需の貿易取引や資本取引も多く、また市場参加者が多いだけに、相場に大きな変動があった場合でもある程度は戻ってきます。すなわち重要なサポートやレジスタンスポイントはいったんすり抜けて急騰しても、後日これを試す動きが出てくることが多いので、ある程度の戻りを待ってポジションを解消することで損失を抑えるというテクニックが使えます。

豪ドルやニュージーランドドルも、ファンダメンタルズが先進国に比べて比較的良好であることや金利水準が高いため人気があって買われやすい通貨ですが、市場規模が小さいので流動性にはやや問題があります。

これらの通貨を買った場合は急変時の相場急落や、「買われ過ぎ」によるポジション調整の動きに注意する必要があります。また、急落した場合、売りが売りを呼んで「売られ過ぎ」の水準まで下がる傾向も強く、万一の場合に備えて損切りをやや深いところに置くか、大きく下げたところを買えるぐらいの余力をもって臨むのがちょうどいいのです。これらの通貨はレバレッジを低くしておけば急変時の対応もそれほどむずかしくないでしょう。

ポジションの偏り具合をみるにはＩＭＭの投機勘定（シカゴマーカンタイル取引所で取引されている通貨先物のポジション）をインターネットでチェックしておくといいでしょう（http://www.cftc.gov/dea/futures/deacmesf.htm）。

ポジションは「Non commercialのLongとShortの差し引き」でみてください。Longが多ければ通貨の買い持ち、Shortが多ければその通貨の売り持ちが優勢となった状態です（**図表4-1**）。

たとえば豪ドルは8万枚を超えてくるとポジションが偏っている傾向が強くなりますから利食いをこまめに入れて対応するなど、きめ細かいポジション管理が必要となります。買い持ちポジションが12万枚を超えた場合はその後の急落に要注意です。

これに対してユーロは市場規模が大きいのでポジションが偏った状態となっても必ずしも急落、急騰にはつながりません。過去においては17万〜18万枚を超えたところから大きな相場変動が起きています。

1週間に1回、このページでポジションの偏りをチェックしておくのもいいでしょう。ただし、毎週火曜日の集計値が週末に発表さ

図表4-1 ● IMMの投機勘定のポジションの見方

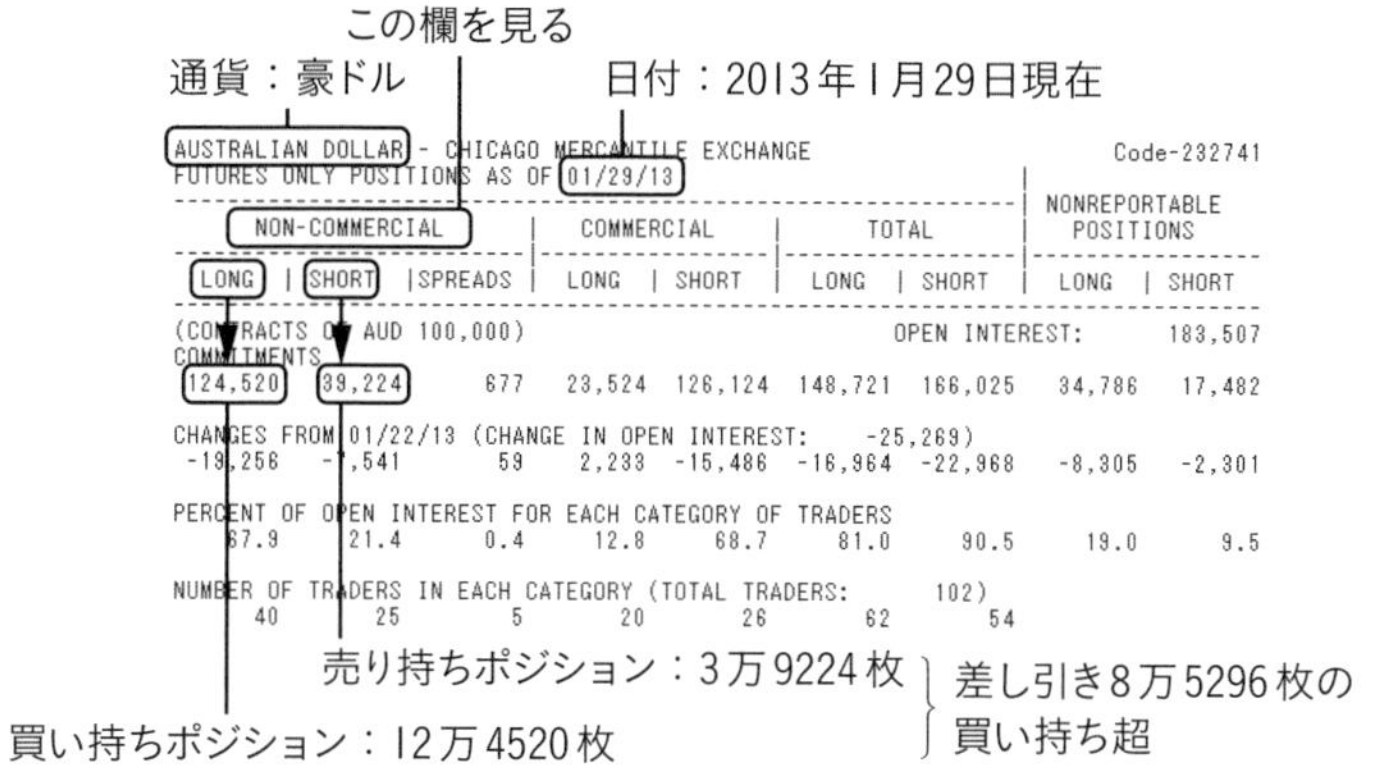

れますから、集計が少し前のものであることも加味する必要があります。そのようにして、通貨ごとのクセを把握しておくことも、短期のトレードでは大切です。

ドル／円相場の値動きの特徴

ドル／円相場は非常時を除き、ポイント＆フィギュアでみて40ポイント（40銭）以上の調整がないまま1円80銭から2円20銭の値幅を一方向に走りきると、いったん反対方向へ調整される傾向が強いという特徴があります。一つの方向へ走りきるエネルギーが、ドル／円の場合は2円20銭位が限度ということなのですが、この傾向を知っているだけでエントリーや利食いのヒントにもなります。

逆張りにも利用は可能ですが、トレンドの方向性をみて本来の方向と逆の場合は、買い場や売り場を待ってエントリーするために利用したほうがいいでしょう。

たとえば現在のドル／円相場が80円ちょうどとします。ここから40銭の下落を見ないままドルが上昇を続けた場合は2円20銭、すなわち82円20銭位までが限度で、これ以上はオーバーシュートの範囲に入ったとみることができます。それ以上は力尽きていったん反落することが多いので

図表4-2 ポイント＆フィギュア

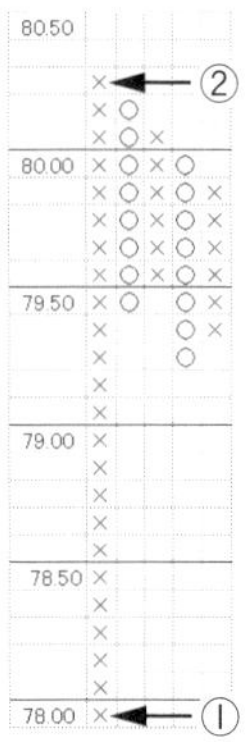

①の78・00を基点として②の80・30まで230ポイント上昇した。
この間40ポイントリバースが一度もなかったが、その後79・50まで80ポイント下落している。

す。

これは時間軸とは関係ありませんから、値動きと値幅だけを見ておけばいいわけです。ポイント&フィギュアを併用して値動きを確認するとよりわかりやすいと思います。たとえば、ドル高円安トレンドでドルを買い遅れた場合でも、押しが入るのを待てばいいし、逆に2円20銭以上上昇したら、短時間であれば売り向かう手もあります。ただし、この場合はトレンドに逆らうことになりますから、利食いも損切りも浅くすることが必須です。

実際の相場で確認することもできます。たとえば２０１２年の10月11日の東京市場安値77円94銭（78・００）から10月25日のＮＹ市場高値80円34銭（80・３０）まで、40銭のリバース（下げ）がないまま２円30銭の上昇をみましたが、その後10月26日の79円49銭（79・５０）まで80銭の下落をみています。この一連の流れをポイント&フィギュアでみたものが**図表4－2**、時間足でみたものが１６２ページ**図表4－3**です。

シドニー市場のギャップで毎朝サクっと儲ける法

外国為替市場はシドニー市場で幕を開け、ニューヨーク市場で閉じるというのが1日の流れです。各国の市場はリレーしながら24時間動いていますが、参加しているトレーダーたちは24時間働き続けているわけではありません。そのため、それぞれの国の市場ごとに、参加者の数や質が異なることから、相場の値動きにも特徴が出てくることになります。

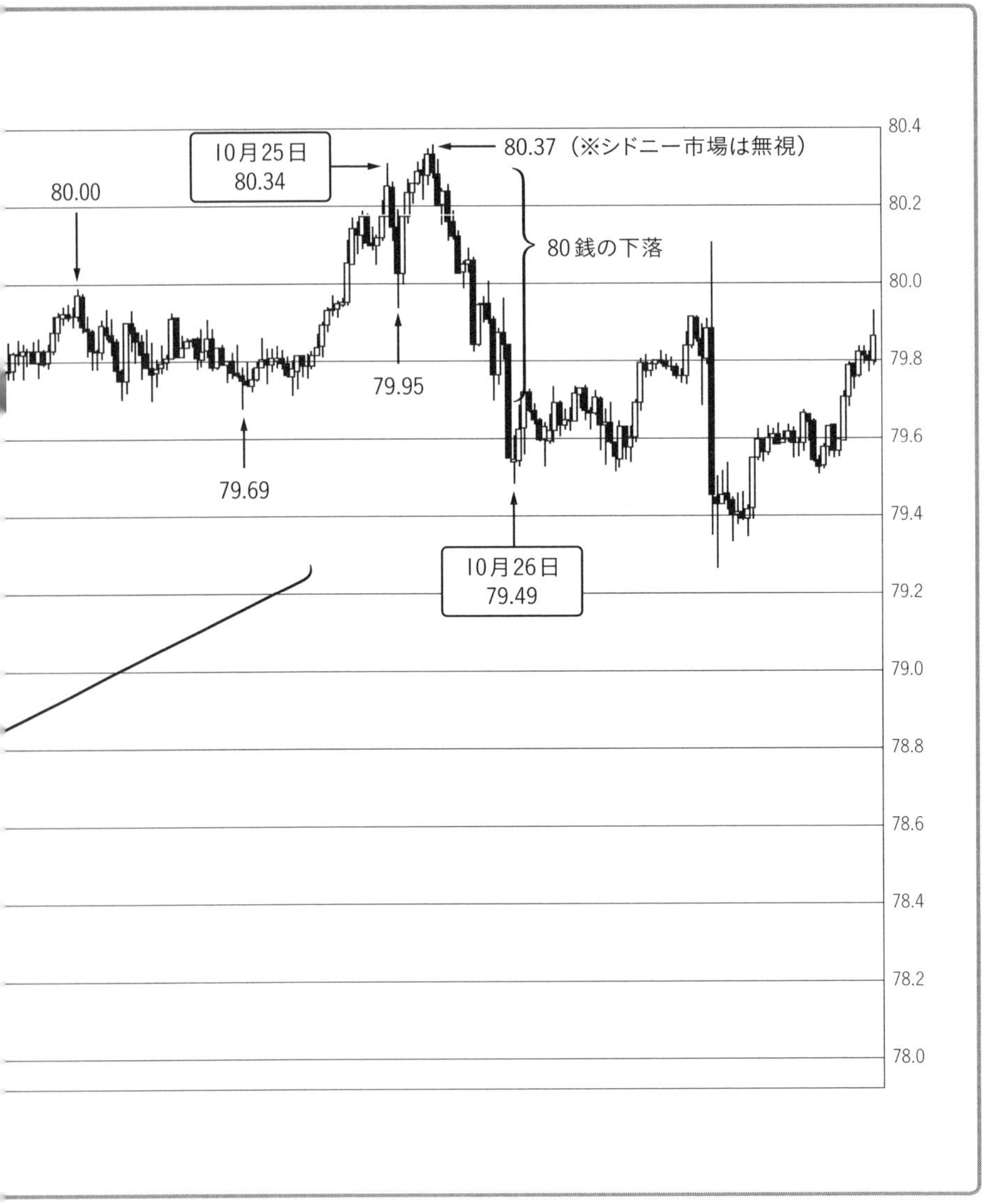

10月25日
80.34
80.37（※シドニー市場は無視）
80.00
80銭の下落
79.95
79.69
10月26日
79.49
80.4
80.2
80.0
79.8
79.6
79.4
79.2
79.0
78.8
78.6
78.4
78.2
78.0

図表4-3 ● 短時間で2円程度動くと調整が入りやすい（ドル／円時間足チャート）

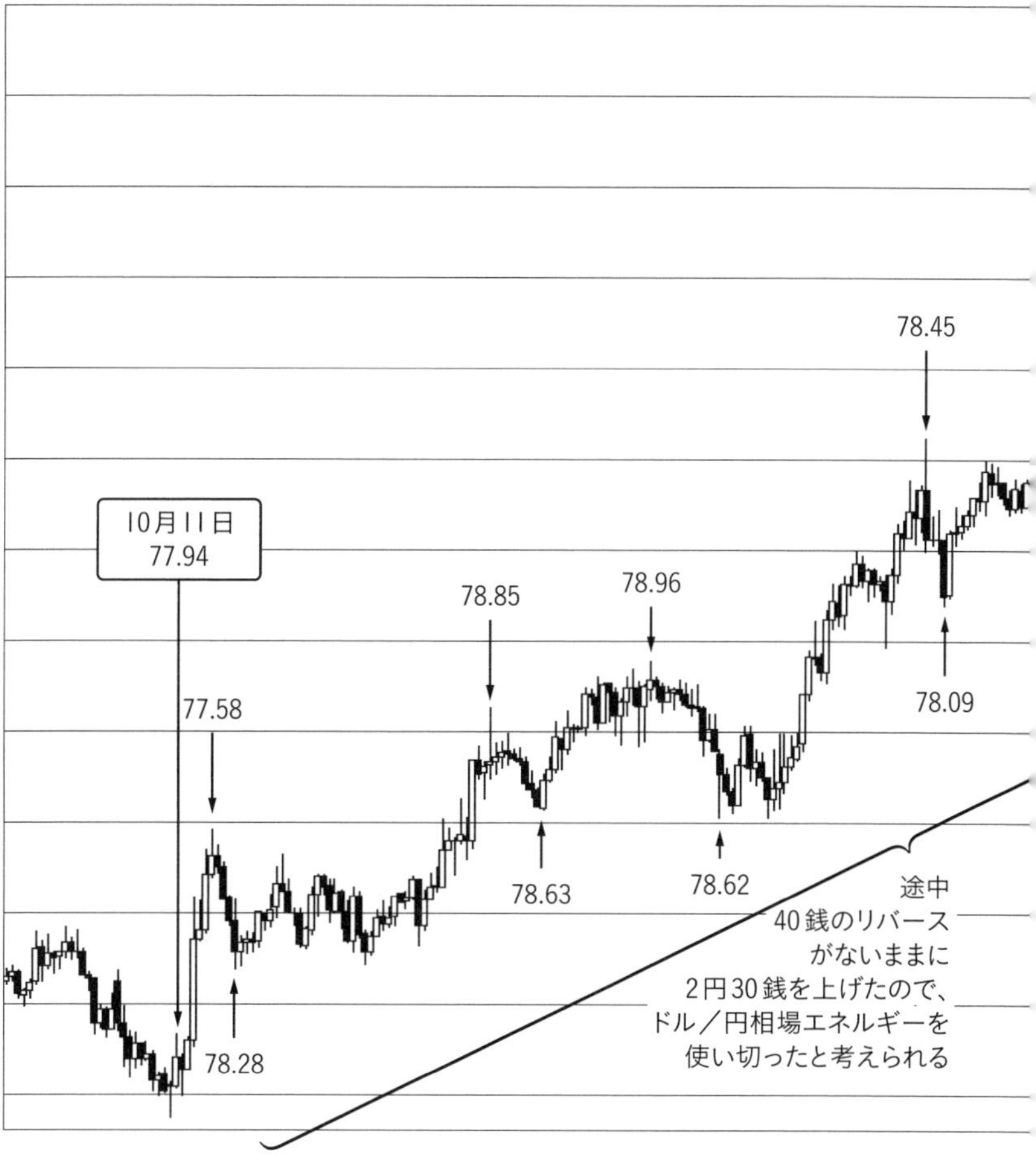
10月11日
77.94
77.58
78.28
78.85
78.63
78.96
78.62
78.45
78.09
途中
40銭のリバース
がないままに
2円30銭を上げたので、
ドル／円相場エネルギーを
使い切ったと考えられる

冬時間を例にとると、日本時間の午前7時、ニューヨーク市場の取引が終了するのと同時に、シドニー市場の取引がスタートします。東京時間は午前9時からなので、2時間、オセアニア市場といわれるシドニー市場とウェリントン市場だけで取引が行なわれる時間帯があります。

したがって、シドニー市場というのは、ニューヨーク市場と東京市場に比べると、圧倒的に取引高が少ない市場です。そういう市場は、どういう動きをするのかを考えてみましょう。

取引高が少ないというのは、流動性の低い市場であるということです。ちょっとした売りが出れば為替レートは大きく下落し、逆にちょっとした買いが出ると、今度は大きく上昇します。つまり値動きが荒くなるのと同時に、ダマシ的な動きも増えます。

なぜなら、この時間帯に金融機関が受けた玉は単一市場でさばくことになりますから、トレーダーたちも買わされるリスク、売らされるリスクを最小限に留めようとします。したがって受けた玉はすぐに他に投げたい心理が働きます。キャッチボールをするように右から左へ受けた玉をさばくため、一方向へ動きやすくなるのです。

その結果、シドニー市場では短時間のあいだに一方向へ動きが傾く傾向にありますが、いざ東京市場が始まると、徐々に元の水準に戻っていくということが多いのです。

たとえば、ニューヨーク市場の終値が1ドル＝80円10銭だとします。それがシドニー市場に移ってから、1ドル＝80円70銭まで進んだとします。しかし、東京市場の取引が始まると、徐々にニューヨーク市場の終値である1ドル＝80円10銭に向かって戻るというわけです。もちろん、こうした動きは東京市場の寄り付き段階で一気に進むわけではなく、東京市場の取引時間を通じて、徐々に動いていくというイメージで考えてください。

この動きを使って、お小遣い稼ぎしようというのが、「シドニー逆張りトレード」です。元外銀の為替ディーラーで、毎朝これだけで生計を立てている人もいるぐらいですから、覚えておくと面白いと思います。

やり方は簡単です。たとえば先ほどの例で、1ドル＝80円10銭でニューヨーク市場が引けた後、シドニー市場でドル高が進んだ場合は、東京の寄り付き、午前9時の時点でドルを売るのです。逆に、シドニー市場でドル安が進んだ場合には、東京の寄り付き時点でドルを買います。ニューヨーク市場の終値水準では必ず利食いを入れます。また、損切りも必ず置きます。

このように特徴を活かした隙間トレードも有効ですし、利食いや損切りにも活用できます。たとえば利益の出ているポジションの利食いに利用したり、損切りしそこなった場合にシドニー市場で慌てて整理しなくても東京市場が寄り付いて市場が落ち着きを取り戻したところで整理したりすればいいわけです。

これをチャートでみたものが166ページ**図表4-4**です。このチャートはシドニー時間を省いてつくったオリジナルの日足チャートです。これに、「ギャップが出てトレードできた日」を記入してみました。170ページ**図表4-5**はデータベースでその収益を検証したものです。これをみると、このトレードで収益を上げることができる確率が高いことがよくわかると思います。

ただし、このトレードはあくまで市場の「クセ」を利用した「アヤ狙い」ですから、浅い利食いでも良しとしてください。また、反対方向へ100ポイント以上動いた場合は、大きなトレンドの始まりとなることがありますから、我慢しないで「損切り」を必ず実行することも必要です。

114
112
110
108
106
104
102
100
12
⑭
⑲
⑳
㉒
㉓
㉖
12月⑬日
⑰
⑲
⑳
㉔
㉕
㉖
㉗
㉘

図表4-4 ● シドニー市場で空いたギャップで儲ける方法（ユーロ／円 日足チャート）

※このチャートはシドニー市場を省いているので、
寄り付きは東京午前9時、
終値はNY時間午後5時となっています。
各トレードの損益は170ページの
図表4-5の一覧表を参照。
チャートの見方
日付
買いの日
売りの日
9月14日
17
20
25
10月1日
11
12
15
16
17
11月2日
6

この「アヤ」を狙うことばかりに集中すると、本来の大きなトレンドを見逃すことにもなるので注意してください。ちなみに、トレンドフォロー（ドル上昇トレンドであった場合にドル買いでエントリーするようなケース）でエントリーした場合は、利食いが付くことが多いのですが、逆の場合はトレンドに逆らうことになりますから、未達に終わることもあります。

ロンドン市場（東京時間の夕方）の値動きのクセは？

市場のクセという意味では、東京時間の夕方も独特の動きがみられます。

午後3時から4時にかけては、ロンドン市場のオープンに伴って、ロンドン勢が市場に参加してきます。このときにポジション調整の動きが出てくるため、基本的に東京市場の動きとは逆の方向で取引が始まるケースが多くみられます。つまり、東京市場でドル買いの動きが強ければ、そこで溜まったドルのロングポジションをいったん、ロンドン市場のオープンとともに調整しますから、逆にドルが売られる形になります。

ここでは、「ロンドン市場の方向性にしたがってポジションを持つ」のがオススメです。

そして午後9時にはニューヨーク市場がオープンするわけですが、ここでは午後8時半に米国の重要な経済指標が発表されます。その「結果がよければドル買い、悪ければドル売り」を基本スタンスにすることで、値幅をとるチャンスができます。

column 3

シドニー市場を無視したチャートを自分でつくろう

NY市場の終値と東京寄り付きのギャップを活用してトレードできた理由は、シドニー市場がトレンドとは関係ない動きをしやすく、「無視されやすい」からでした。ということは、シドニー市場での値動きを省いたチャートをつくると、より相場の方向性がはっきりと出てくるということになります。

本書で掲載したチャートは、私がシドニー市場での値動きを省いてつくったものです。つまり日足の場合、始値が東京寄り付きであり、終値NY市場の引け値になっているのです。

FX会社が提供している為替チャートでは、このようにシドニー市場の値動きだけを抜くということはできませんから、少し時間を割いて自力でつくらなければなりませんが、これをつくると、トレンドがよりわかりやすく、シドニー市場のダマシを活用したお小遣い稼ぎをするのにも有効だと思います。そしてチャートを自分で描く作業の利点はまだあります。チャートの形が視覚を通じて頭に残りますし、高値や安値を数値として覚えることにもつながるので、相場の波動を読み取るのにも役立っているのです。

ちょっとした相場のクセや通貨の値動きの特徴など、小さな発見と収益チャンスはチャートを描くことから始まります。少しの工夫と継続する力がトレードの勝率を上げることにもつながると思います。

合計　収益575銭　損失128銭　勝率77%

	東京 OPEN	HIGH	LOW	NY CLOSE	結果（未達成）
11月1日	103.54	104.00	103.34	103.70	16銭
11月2日	103.86	103.86	103.06	103.32	
11月5日	103.24	103.34	102.45	102.75	14銭
11月6日	102.61	103.15	102.19	102.97	
11月13日	101.16	101.25	100.33	100.84	16銭
11月14日	101.00	102.41	100.89	102.18	
11月16日	103.69	103.89	103.06	103.61	46銭
11月19日	104.07	104.33	103.52	104.31	43銭
11月20日	103.88	104.77	103.67	104.68	
11月21日	104.73	105.87	104.10	105.87	36銭
11月22日	106.23	106.58	105.72	106.26	22銭
11月23日	106.04	106.98	105.73	106.95	16銭
11月26日	107.11	107.13	106.09	106.47	
12月12日	107.38	109.04	107.27	108.86	13銭
12月13日	108.73	109.55	108.65	109.40	
12月14日	109.42	109.98	109.05	109.93	87銭
12月17日	110.80	110.80	109.93	110.41	
12月18日	110.47	111.47	110.38	111.38	21銭（8銭）
12月19日	111.59	112.59	111.51	111.64	33銭
12月20日	111.31	112.14	110.74	111.78	
12月21日	111.77	111.77	110.67	111.08	17銭（12銭）
12月24日	111.25	112.01	111.13	112.00	18銭（8銭）
12月25日	111.82	111.90	111.55	111.87	22銭（2銭）
12月26日	112.09	113.39	112.07	113.24	13銭（6銭）
12月27日	113.37	114.32	113.31	113.96	64銭
12月28日	114.60	114.67	113.30	113.53	

図表4-5 ● データベースで「シドニー市場のギャップトレード」の成功率をチェック

- NY 市場終値との比較で東京市場が NY 終値より安寄りした場合は買い向かい高寄りした場合は売り向かいで参入。
- 10 銭以上乖離して始まった場合のみをトレードの対象とした。
- 9 月 14 日から 12 月 28 日までで達成分のみの成功金額は合計で 575 銭。
- 未達成に終わった日は 7 日間、すべて損失とした場合の合計損失額は 123 銭。
- 結果は 462 銭の収益。失敗した日をカウントしても約 8 割の確率で成功したことになる。
- NY 市場終値との比較で、東京市場下寄り（買い向かい）は■、東京市場上寄り（売り向かい）は■。結果の下線付きはトレード失敗。カッコ内は実際の変動幅。

	東京 OPEN	HIGH	LOW	NY CLOSE	結果（未達成）
9 月 14 日	100.87	103.02	100.76	102.94	20 銭
9 月 17 日	102.74	103.85	102.58	103.24	
9 月 19 日	102.77	103.63	102.12	102.27	10 銭
9 月 20 日	102.37	102.40	100.95	101.45	
9 月 24 日	101.32	101.40	100.35	100.64	14 銭
9 月 25 日	100.78	101.05	100.17	100.33	
9 月 28 日	100.22	100.67	99.93	100.24	36 銭
10 月 1 日	99.88	101.03	99.78	100.55	
10 月 10 日	100.60	101.16	100.43	100.66	25 銭
10 月 11 日	100.41	101.72	100.15	101.28	13 銭
10 月 12 日	101.41	101.91	101.24	101.61	13 銭
10 月 15 日	101.48	102.29	101.05	101.85	32 銭（12 銭）
10 月 16 日	102.17	103.08	102.05	102.98	38 銭
10 月 17 日	103.36	103.74	102.92	103.56	

4-2 プロは知っているチャートの値動きの応用法則

「時間足のマドは埋められる」という経験則

相場は生きていると思えることがあります。相場には吸い寄せられるポイントというのが存在しているからです。

たとえば、揉み合い商状が続いた結果、滞空時間が長かったポイントや、逆に相場が急騰、急落して重要な抵抗ポイントを素通りしてしまった場合（マド）、後でこのポイントを試しにくることが多いのです。そのため、結果的にはこれらのポイントが後々のレジスタンスやサポートとして働くことも多いのです。

このレジスタンスやサポートはいわゆる「チャートの節目」となります。したがって、この節目を意識するときは「厳密にここ」ではなく「このあたり」という程度にとらえておくことが大切です。

まずはマドについて考えてみます。

相場は24時間の値動きのなかでも数時間の揉み合いから急伸したり、急落したりすることがあります。時間足が次の時間足と重なることなく上昇したり、下落したりすると、その部分は厚みがなく一直線のような形状になります。これを私は「時間足のマド」と勝手に呼んでいます。この時間足のマドは早ければ数時間以内に、時間がかかるときでも2〜3週間以内に埋まる（相場がもう一度確認しにくる）ことが多いのです。

実際のチャートでも確認できます（174ページ**図表4－6**）。チャートをみると、時間足で空いた値動きのマドは後で埋められています。チャート後半にもいくつかの「時間足のマド」がありますｓ。aの部分は上昇時（新高値をとったとき）に空いた最初のマドであるため、トレンド転換のポイントとみることができますから、ここまでは当面押さない可能性が高いものの、bとcは近いうちに埋められる可能性が高いと考えられます。そして実際、チャートは掲載していませんが、cは1月15日に、bは1月16日にマド埋めが完了しています。

一方、日足や週足で空いたマドは様子が少し異なります。つまり、時間足と同様にいずれマドの空いたところや揉み合っていたポイントを試しにくるのですが、時間軸が長時間になるため、戻ってくるまでに時間がかかるということです。したがって、トレードに利用するというよりは、「中長期的なサポートやレジスタンスとして働く」と認識しておくとよいでしょう。

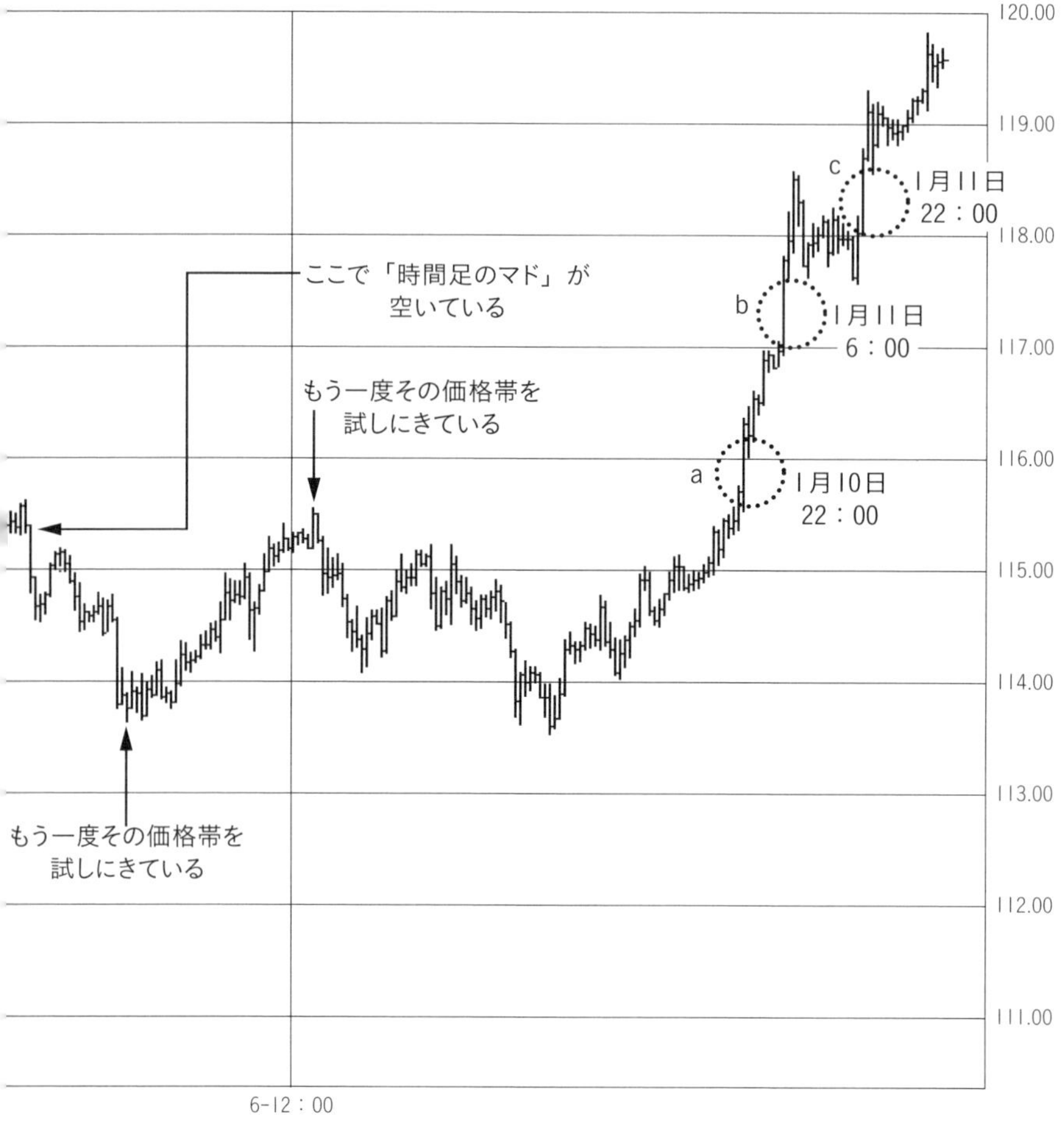

ここで「時間足のマド」が
空いている
もう一度その価格帯を
試しにきている
もう一度その価格帯を
試しにきている
a
1月10日
22：00
b
1月11日
6：00
c
1月11日
22：00
120.00
119.00
118.00
117.00
116.00
115.00
114.00
113.00
112.00
111.00
6-12：00

図表4-6 ●「時間足のマド」は相場がもう一度確認しにくる（ユーロ／円 時間足チャート）

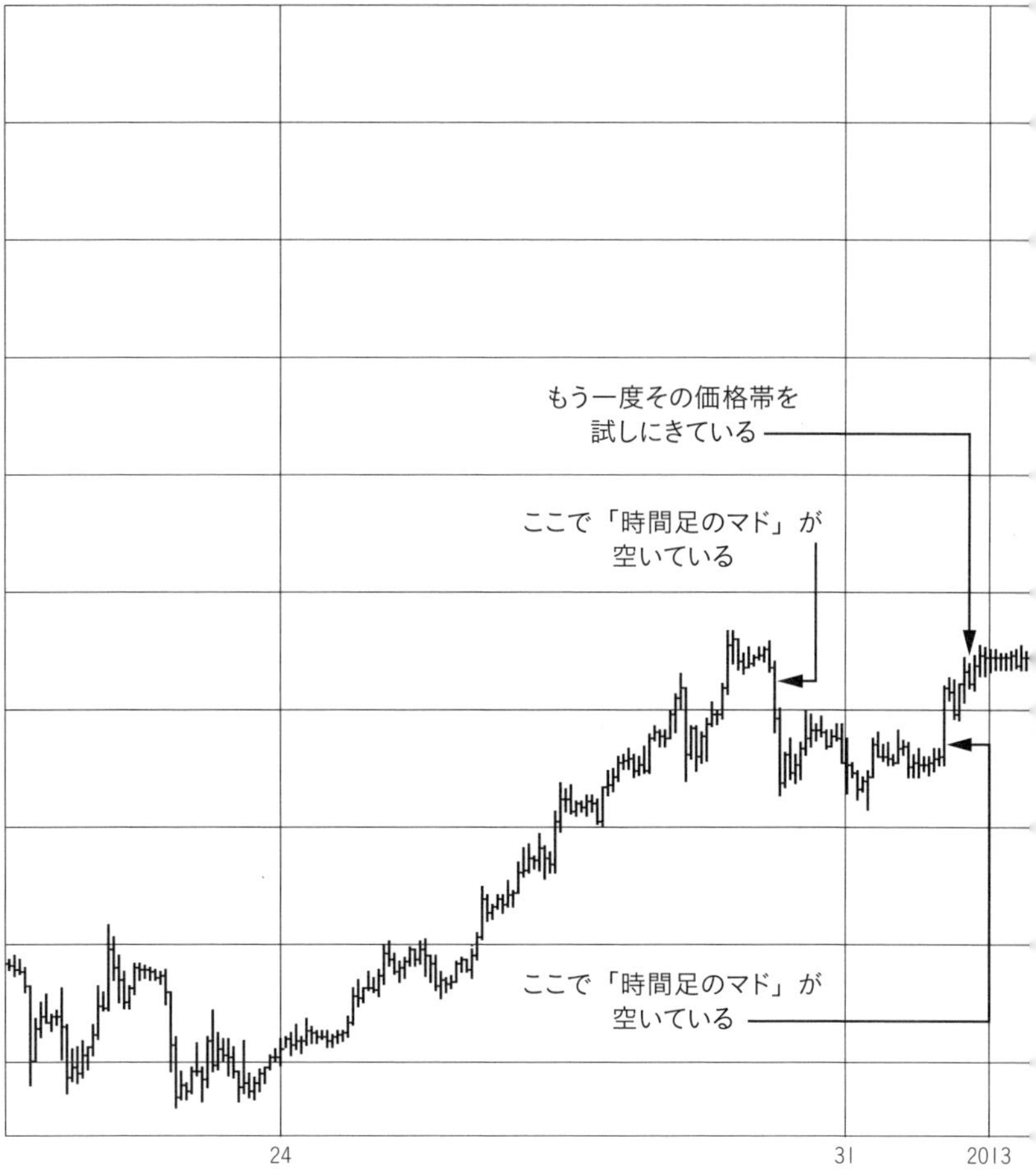
もう一度その価格帯を
試しにきている
ここで「時間足のマド」が
空いている
ここで「時間足のマド」が
空いている
24
31
2013

「揉んでいるところはもう一度試される」という経験則

次は揉み合いです。

揉んでいるところというのは、チャートでいうと、実体やらヒゲやらがいくつも重なっている部分のことを指しています。

１７８ページ**図表４－７**では、①の部分は82～84円台での約４カ月にわたる長期揉み合いの後、ドル下げ方向に下抜けしましたが、１年後には戻しています。同様に②では76～78円台の４カ月にわたる長期揉み合いからドル高方向へ上抜けしましたが、４カ月後には押し戻されています。２０１３年1月時点では強気トレンドのまま過去の揉み合いレベルである89～93円のゾーンに吸い寄せられる動きが強まっています。ただ、２０１２年12月にすり抜けた③のポイントは、後日サポートとなるかどうかを確かめる動きが強まると思われます。

ただし、大相場のとき、たとえばリーマンショックのような相場急変時に素通りしてしまった相場は、トレンドが大きく転換したままなかなか戻ってこないので注意が必要です。

「2円リバースしたらその動きはしばらく続く」という経験則

相場にはモメンタム（勢い）というものがあります。経験上、いくつかの法則を覚えておくと、トレードで活用することができます。

まず、ポイント&フィギュアを活用して200ポイントリバースというのをトレンド転換の目安のひとつにしてきましたが、これは「2円（200ポイント）リバースしたらその動きはしばらく続く」という経験則をベースにしています。

たとえば、ドル／円で下降トレンドであった相場が反転して2円幅の上昇が見られた場合、そこから新しい上昇トレンドが始まると判断してもよいということです。

また、一相場が終わる目安（相場のモメンタムが終わる目安）というものも、経験上いくつかあります。

日柄でいうとカレンダーベースで19日、26〜28日、19週、26週、60〜62週、19カ月、31カ月などです。

値幅でいうとドル／円場合は、短時間での220ポイント、中期トレンドの11〜14円などです。また、移動平均線との関係では、21日移動平均線が方向性を見るうえで参考になりますし、31週移動平均線は中期的な方向を、31カ月移動平均線は長期的な方向性を探るうえで参考になります。このほかに200日移動平均線や52週移動平均線を参考にするトレーダーもいます。私の場合は、21日、31週、62週、31カ月移動平均線などを参考にします。

これらはトレンド転換を判断するうえで参考にしたり、第2章で示したように利食いの目安としたりすることもできます。

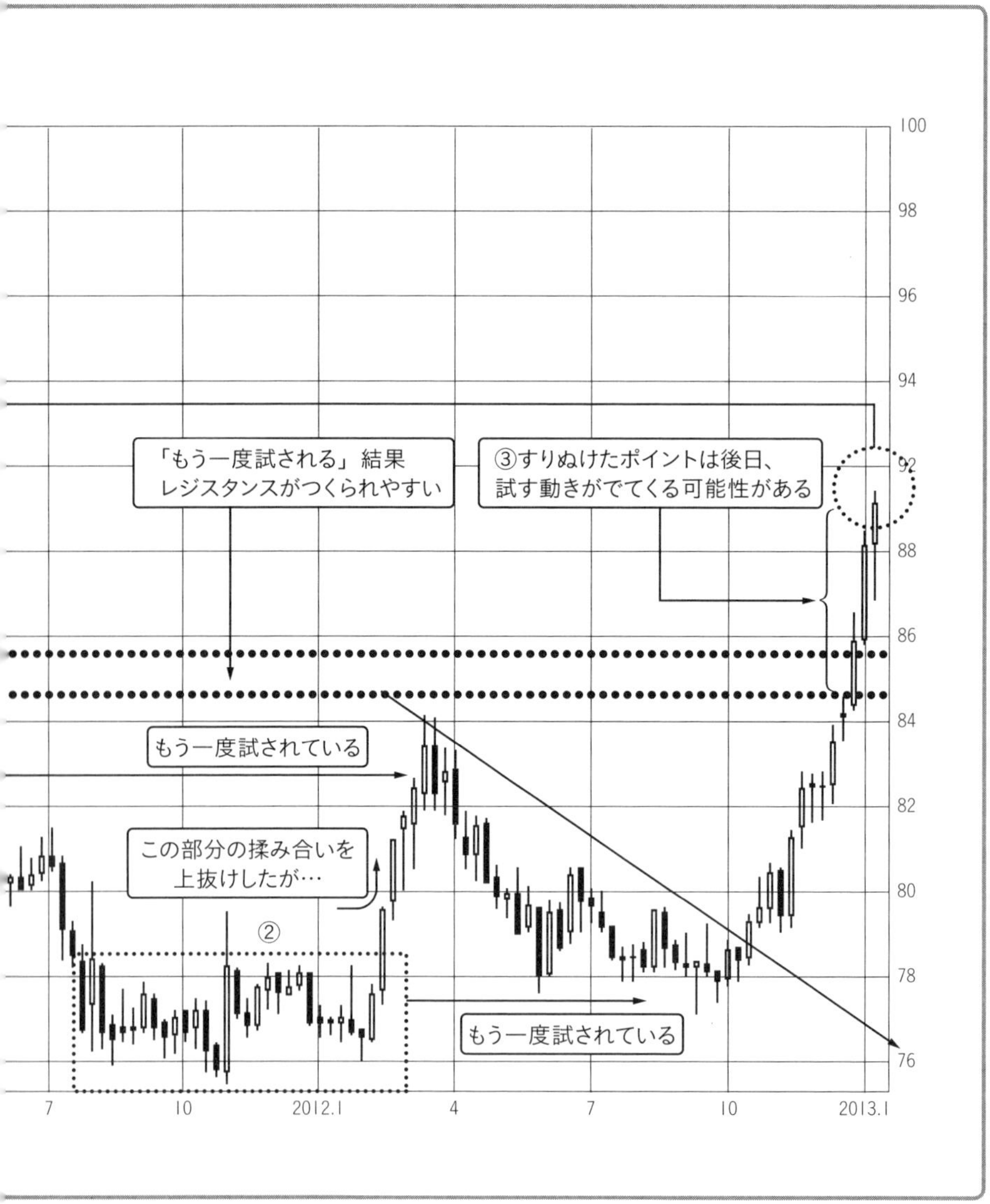
「もう一度試される」結果
レジスタンスがつくられやすい
③すりぬけたポイントは後日、
試す動きがでてくる可能性がある
もう一度試されている
この部分の揉み合いを
上抜けしたが…
②
もう一度試されている
100
98
96
94
92
88
86
84
82
80
78
76
7
10
2012.1
4
7
10
2013.1

図表4-7 ●「マド」と「揉み合いポイント」は相場がもう一度確認しにくる（ドル／円 週足チャート）

2013年1月時点では
この揉み合いを
もう一度試しに
きている
①
この部分の揉み合いを
下抜けしたが…
2009.10
2010.1
4
7
10
2011.1

第5章
これをやると負ける「トレードの禁じ手」

THE PROFESSIONAL METHOD IN FX TRADE

5-1 メンタル面の禁じ手

ポジションに理屈をつけてはいけない

エントリーする場合も、イグジットする場合も、とにかくファンダメンタルズ的な理屈をつけたがる人がいます。

「雇用統計の数字が市場の事前予想に比べてよかったからドルを買う」。

「中国の景気が回復基調にあるから、中国と経済的な結びつきの強い豪ドルを買う」。

理屈は実にさまざまです。確かに経済指標などの発表時に相場が反応することはあります。しかしそれはトレンドに合った材料が出たからであって、トレンドに合っていない場合はほんの一瞬反応するだけで元の流れに戻ってしまいます。

本来、相場というものは、このような材料とはまったく関係なく動きます。相場は上がりたいから上がり、下がりたいから下がるもので、チャートを仔細にみれば、材料のほとんどは「後付け」であることがわかるでしょう。相場は波動を描きながら上がったり、下がったりを繰り返しており、それに材料を後付けしているに過ぎないのです。

為替相場の変動時には、要因として景気の良し悪し、金利差、経常収支、貿易収支の黒字・赤字など、さまざまな理屈づけがなされますが、実際のところ、こうした理屈づけによって相場が動いているわけではありません。

相場を動かしているのは波動、つまりトレンドです。

ということは、トレンドの方向性さえはっきりしていれば、材料などは何の意味もないことになります。トレーダーはさまざまな材料に惑わされずにトレンドに乗ること、そしてそのトレンドに沿ったポジションを持っていればよいということになります。

さまざまな材料が世の中には出回っています。為替市場には貿易取引を行なう輸出入業者をはじめ、生保などの機関投資家、投機筋といわれるヘッジファンドや、数千万ドル単位を一度に動かすトレーダーから個人投資家に至るまで参加者はさまざまです。こうした人たちに向けて材料を提供するのがエコノミストやストラテジストといわれる人たちです。彼らは自分の分析＝材料を外に向けて公表するのが仕事ですから理屈が優先するのは仕方のないことです。あるいは機関投資家の部類に入るファンドマネジャーなども、他人からお金を預かって、それを運用している以上、自分の顧客に対して、運用経過などを説明する責任を負っていますから、これもやはり運用するための理屈をつけるのは致し方ないことかもしれません。

しかし、トレーダーというものは材料に惑わされて大きなトレンドに乗り損ねてしまうリスクに注意しなければなりません。好材料なのに買われない、悪材料なのにどうして売られないのか、と考え過ぎてポジションをうまくコントロールできなくなったりするからです。みなさんは一トレーダーとして相場をできるだけシンプルに考えてください。いくら複雑に考えたとしても、最終的には、買う、売る、何もしないという3つの選択肢しかないのですから。

自慢するとなぜか負ける

確たる理由があるわけではないので、これを「べからず集」に含めるべきかどうか、悩んだのですが、やはり載せることにしました。

自分の相場について自慢をした途端、たいていはその後に大きく負けてしまいます。相場に神様が宿っているのだとしたら、「慢心するな」という警告を発しているのかもしれません。

でも、何となくわかる気がしませんか？　相場を張るものは常に平常心を保ち、「淡々と勝ち淡々と負けよ」ということなのだと思います。

これは相場に限った話ではなく、何事につけてもそうです。自分が絶好調で、すべてうまくいっているときほど、奢る気持ちが出てきます。奢る気持ちをもったまま行動をして、よい結果になることは決してありません。それと同じことなのだろうと、自分自身では考えています。

もう少し深く考えてみたいと思います。

自慢するということは、自分自身のトレード手法に絶対的な自信を持っているからでもあります。よく投資本で「〇〇の必勝法」といったタイトルを目にすることがあります。自分が編み出したトレード手法で何度か成功を収めているうちに、そのトレード手法が「必勝法」であるかのような錯覚に陥るのではないでしょうか。

トレードには必勝法などありません。必勝法というのは、「この方法を用いれば絶対に儲けることができる」ということです。そんなものがあったら、世の中には大金持ちがたくさんになるでしょう。

世の中に必勝法などない理由、それは必勝法が世の中に出てきた時点で、多数派のものになっていくということです。投資は常に少数派に身を置いたときにこそ大勝するのです。それまでは自分だけのものだった必勝法が広く世の中に伝わっていき、やがて多数派の考え方になった途端、その必勝法は必勝法ではなくなります。必勝法があるとすれば、それは常に変化し続けて形を変えていくものなのです。

損益を「お金」に換算すると相場を見失う

トレードで一度でも損をしてしまうと、恐怖で次の手が打てなくなることが多いと思います。最初は誰でもそうなのです。むしろ上手く行き過ぎると後が怖いということもありますから、少し高い授業料を払ったと思ってあまり損益にこだわらないほうがいいでしょう。反省しても後悔するな、です。「いくら損した」とか「いくら儲けた」という具合に、お金で損益を考え過ぎると本来の目的を見失います。

緊張感のなかでもトレードをゲームとして楽しむ心のゆとりが必要です。FXは勝負の世界です。マネーゲームで勝つか負けるかの勝負ですから、これをお金に換算すると損得勘定ばかりが先走ってしまいます。

そうではなく、トレードでは「ポジションを持った通貨がターゲット（ポイント）に届いたかどうか」で勝ち負けを考えるのです。そして、エントリー、利食い、損切り、ポジション操作を的確に行なうにはどこがいいのかと、ポイントを考えることだけに神経を集中することが重要なのです。

正しい結果は後から付いてきます。

5-2 トレード方法の禁じ手

乗り遅れた電車に飛び乗るとケガをする

ドアの閉まりかけた電車に飛び乗ろうとしてケガをするくらいなら、多少時間には遅れるかもしれませんが、1本後の電車に乗りましょう。

これは相場にも当てはまります。

相場は波動ですから、行きっぱなしはありません。一つの波が通り過ぎたとしても、またしばらくすれば、新しい波がやってきます。そして、波は永遠に、いくらでもやってきます。だから、一つの波を逃したと思ったら、次の波を待てばいいのです。

なぜ飛び乗りがダメなのでしょうか。

乗り遅れそうだということで意を決して飛び乗った相場というのは、だいたい目先の高値であったり、安値であったりするケースが多いからです。

飛び乗った相場というのは、そこから先、自分のとったポジションに対して、アゲインストに動く危険性が高いということです。つまり、むずかしい対応を迫られます。

第1章で「エントリーがうまくいけば後が楽」と書きましたが、心に余裕を持って相場に対峙し、結果的に利益を残していくためには、最初が肝心なのです。

もちろん、飛び乗った後もトレンドが続くというケースもあります。一概に飛び乗りがダメだと否定するつもりはありませんが、二番電車を待って乗るよりはむずかしくなることは間違いありません。

そうしたむずかしい対応をする自信がない場合は、押し目や戻りを待ってエントリーするなり、次のトレンド（電車）がくるまで待てばいいのです。チャンスはいくらでもやってきます。

途中で投資スタイルを変えてはいけない

トレードのスタンスを途中で変更することは、負け戦の常道です。

たとえば、5分足や10分足をみながらトレードをしている人というのは、基本的に短期のトレーダーです。5分足をみてポジションを持ったのに、それを2〜3日持ち続けてしまうというのは、明らかに失敗です。ポジションを持ったときの判断基準と、現在のポジション状況に明らかに差が生じてしまうからです。

短期トレードを前提にしたポジションというのは、レバレッジが高く、損切りも浅目に置くのがセオリーです。一方、スイングトレードであれば、ある程度懐を深くするために、レバレッジも低めに抑え、損切りも深めに置きます。みているチャートも、5分足と日足、あるいは週足とでは、まったく異なります。短期トレードと長期トレードとでは、まったくアプローチが違うのです。

時間軸が異なれば、チャートを通じて見える風景はガラリと変わります。いくら時間足が上昇トレンドだったとしても、日足や週足など長い時間軸のチャートが下降トレンドだったら、上昇余地は限られたものになります。つまり、たんなるアヤ狙いで入ったはずの短期ポジションを、長期ポジションに切り替えるというのは、すでにポジションを持っている理由そのものがない状態なのです。

こういうトレードは、ほとんどの場合、損失を拡大させるだけに終わりますし、しかもそれが致命傷となってしまうケースも多くなりますから、注意が必要です。

多数派についてはいけない

大抵の人は為替のトレードでエントリーする際にファンダメンタルズ分析を重視します。経済の強さが通貨の方向性をみるうえでとても重要であると思われがちですが、実はそこに盲点があります。好材料に目を奪われてしまい、「自分が他の人と同じポジションを持っている」ということに気が付かない、あるいは気付いていても材料がいいからという安心感に騙されてしまうのです。しかし、そこには「市場のリスク」を見落としているという盲点があります。

市場のリスクというのは「想定外の事変があったときの通貨の市場流動性」や「通貨の波動すなわちトレンド」です。

市場にはその時々で変動要因となる大きなテーマがあります。たとえば、最近ではユーロ危機です。このようなときにはたとえその国の景気が良好で金利が高くても為替相場は上昇しません。むしろリスク資産からの逃避の動きが強まって下げ幅が大きくなることもあります。経済が良好なオーストラリアドルは、ギリシャのデフォルト懸念が高まった時期やスペインの金融不安でユーロが売られたときに、当事国であるユーロより下落幅が大きかったのです。

この背景には流動性の問題があります。豪ドル／円は、リーマンショックのときにはたった4カ月あまりのあいだに101円台から55円台まで45％以上の下落をみているのです。これに対してユーロは同じ期間に21％の下落に留まっています。市場がファンダメンタルズではなく流動性やトレンド（方向性）に大きく反応したことがわかります。

ファンダメンタルズ分析の盲点は、通貨の買われ過ぎや売られ過ぎに気付くのが遅れることです。他の先進諸国よりファンダメンタルズの良好な豪ドルは買われやすく、為替相場が上昇するとさらに買い進まれて、買い持ちポジションの積み上がりを招きます。その結果、買われ過ぎが極限まで達した反動で大きなポジション調整を招き、結果的にトレンドが大きく変化してしまうのです。

これが多数派に身を置くリスクです。ファンダメンタルズ分析が為替相場に関係がないというわけではありません。むしろ長期的な目でみればファンダメンタルズは相場に反映されますが、必ずしも短期のトレンドとは一致しないということなのです。

では少数派に身を置くにはどうしたらよいのでしょうか？

そのためには、材料に左右されないテクニカル分析も併用するか、有効に使うことです。重要なポイントを抜けた時点でトレンド転換がわかりますから、いち早くポジションをスクエアにすることができます。エントリーする前にチャート上で相場が変化するポイントを押さえておけば、逃げ足を早くすることもできますし、利食いにも応用できます。あるいは、序章で解説したように、社会現象に注意するのもいいでしょう。

両建ては自分の欲望をコントロールできない証拠

両建てというのは、同じ通貨ペアについて売り買い両方のポジションを同時に持つことです。たとえばドル／円について、ドル買い円売りとともに、ドル売り円買いのポジションを持ちます。

確かに一見すると、両建てポジションはリスクをコントロールするうえで便利な方法であるかのように思えます。たとえばドル高・円安が進んだとき、ドル売り円買いポジションには損失が生じますが、ドル買い円売りポジションには利益が生じますから、一方の損失を、もう一方の利益で相殺できます。

しかし、それならわざわざ相場を張る必要はありません。両建てのポジションを持つというのは、相場に対して敬意を表していないことになりますし、自分の欲望をコントロールできないことを意味します。自己管理ができない人はポジション操作もできません。

もちろん、投資対象のなかには、両建てをする意味のあるものもあります。金などのコモディティは、24時間トレードができませんから、マーケットが閉じている空白の時間帯に何か大きな事件が起こり、翌日のオープン時に価格が大きく飛んでしまうのに備えて、前日のクローズ近辺で両建てにしておくことが有効であるケースもあるからです。しかし、外国為替市場は24時間マーケットが開いていますから、両建てにする意味がまったくありません。両建てにするぐらいなら、素早く損切りをするほうが、はるかに効率的なのです。

第6章
プロのメンタルトレーニング術

THE PROFESSIONAL METHOD IN FX TRADE

6-1 FXはマネーゲーム

瞬時に莫大なお金のやり取りが行なわれる世界

ＦＸはマネーゲームです。

こういうと、ちょっと誤解を招きそうですが、実際問題として、どこかでそのような醒めた感覚を持っていないと、トレードを続けていくことはできません。

ポジションの状態にもよりますが、ほんの数分間で、１００万円単位の損失が生じることもあるのです。逆に、ほんの数分間で１００万円単位の儲けが生じることもあります。たった数分間で１００万円が失われたり、儲かったりするなどということは、普通の生活のなかでは考えられないことです。

たとえば、20万円、30万円の含み損が生じたとします。このとき、「あ〜あ、あの20万円があったら、欲しかったバッグが買えたのに……」などと思い浮かべたらどうなるでしょうか。おそらく次のアクションが起こせなくなってしまいます。

損切りしようにも、具体的に20万円という金額を想像してしまうと、それを失うのが怖くてできなくなり、結果的にはさらに傷口を深めてしまいます。あるいは、いよいよどうすることもできずに損切りしたものの、また損失を被るのが怖くなって次のエントリーができなくなるといった状況に追い込まれてしまいます。利食いも同じです。「いくら儲かった」という金額を具体的に想像してしまうと、大きくチャンスを逃したり、逆に欲をかいているうちに利食いのチャンスを失ってしまったりということになります。

もちろん、証拠金の増減をきちんと把握して、ポジションの大きさをコントロールしたりすることは大切ですが、個々のトレードについて、「10万円の利益が得られる」とか「損失が20万円になっちゃった」などと考えると、客観的な相場判断ができなくなるということです。

チャートポイントを数値として考える

トレードするときは、損益をお金に換算するのではなく、ただの数値としてとらえましょう。たとえばドル/円を79・80で買ったとします。利食いは、短時間なら上値抵抗ポイントの手前、少し長く持つならトレンドラインや相場が200ポイントリバースするポイントに損切りを置いてしばらく様子をみます。そして、利食いの目標値はあくまでも数値として意識します。たとえば81・56がチャートポイントであるならば、「そこで利食えばいくら儲かる」とかではなく、たんなるチャート上のポイント、数値ととらえるのです。

利食いや損切りのし方について、「いくら儲かったら利食い」「いくら損したら損切り」というように金額を決めて行なうのはよくないと第2章で書きましたが、トレンドの転換点を見極め、エントリーのポイント、イグジットのポイントを決めたうえで、あとはそのポイントで機械的に売買をし、その結果として損益が決まるというイメージでとらえるのです。

そうすれば、ポジションが１００万円であろうが1億円であろうが、同じスタンスで行動することができます。

6-2 勝って当然、負けても当然

相場で損をしてから本当の実力が試される

ビギナーズラックとよくいわれます。ビギナーは慎重で相場を素直にみていることが多いのです。邪念がないというか、「上がりそうだから買ってみよう」とか「まだ下がりそうだからちょっとだけ売ってみよう」という素直な気持ちが相場の波動を自然につかんでいるのだと思います。

けれども、慣れてくると自信もついてくるし欲も出てきます。ポジションも徐々に大きくなってくると邪念も入ってきますから、いろいろなことが気になって材料探しに余念がなくなります。結果的に材料にも振り回されてしまい、相場と自分のトレードの波動がずれてしまいます。そして何度か負けがこんでくると自信も喪失してわけがわからなくなってしまうのです。

しかし、こういうときこそ本当の実力が試されるときなのです。ここで自暴自棄になったりあきらめたりしないこと。もう一度相場と素直に対峙することから始めましょう。少しずつでも損を取り返してチャラまでもっていけたらしめたものです。

ここまできたら自分にはトレードの才能があると思ってください。焦らずゆったりしたトレードを心がけて、まず資産を2倍にすることを目標にします。2倍になればその人はある程度自分のトレード法を身につけたことになります。そうなれば5倍までは比較的簡単に増やすことができます。次は10倍。ここまでは5倍まで儲けた人なら何とかなるでしょう。

おそらく10倍を超えてからが本当にむずかしくなるのではないかと思います。15倍を目指すとなると欲望との戦いです。ポジションを大きくして一気に15倍にしようとすると欲望とポジション管理のコントロールが非常にむずかしくなるからです。リスクも当然大きくなりますから15倍を目指した途端に5倍まで戻ってしまうこともあるでしょう。いったん5倍まで減額してしまうと10倍に戻すのは容易ではなくなります。これまでのトレード法を修正する必要が出てくるかもしれません。

こんなときは「短時間では10倍に戻らないもの」と肝に銘じたほうがいい結果を呼びます。ポジションを小さくして懐を深くするなど、基本戦略を練り直すのも手でしょう。心のバランスを平常に戻すことが肝要です。相場は24時間いつでも動いていますから、取り返すチャンスはいくらでもあります。

三歩進んで二歩下がる

相場に波動があるように、自分のＰ／Ｌにも波動があります。ＰＬとは「プロフィット　アンド　ロス」。つまり損益のことです。急騰すれば急落するのは当たり前で、３歩進んで２歩下がるくらいがちょうどいいのです

マーケットでは、急騰した直後に急落するというのは、よくあることです。それと同じで、自分の損益も、大きく儲かった後に大きな損失を被るというケースがよくあります。逆にいえば、大きく損をしたとしても、その損を取り戻すチャンスは必ず訪れるということです。

こういうことを受け入れるようにしないと、相場において無用のストレスを感じてしまうことになります。相場に波動があるように、自分の収益にも波動があります。正しい対応をしていても、相場の波動と自分の波動が合わずに、いわゆる調子が悪くて少しずつうまくいかないことはよくあります。

一喜一憂せずに、淡々と自分自身のトレードに徹していればよいのです。

それでも冷静になれないときには、いったんマーケットから離れて、様子をみましょう。相場は永遠にあります。あわてず焦らず、またその気になったときに復帰すればよいのです。

ちなみに、夜中に重要なことを決めることはやめましょう。夜中には人は悲観的になるし、誤った判断で傷を深めることが多いものです。一晩ゆっくり寝て、翌日の昼間に判断したほうがよいでしょう。相場は24時間ありますが、人間は24時間戦えるものではありません。

6-3 心の拠り所を持つ

「どうなるか」ではなく「どうするか」に集中する

「心の拠り所」といっても、別に神頼みをするというわけではありません。

相場の世界では、平常心を失ったら終わりです。だから儲かったときは「たまたま」と思い、損をしたときは「やっぱり」と思うようにするくらいでちょうどよいのです。

とはいえ、人間ですから、ポジションをとって儲かればうれしくなるし、損をすれば悔しくなってしまうものです。さらにいえば、ポジションをとらないことによって儲けそこなって悔しくなることもあれば、損を免れてうれしくなることもあるでしょう。こうした感情をコントロールできないと、飛びつき買い、突っ込み売り、損切りの遅れなどが生じてしまいがちです。

どうすればそうした感情を抑えて、平常心のまま、前向きでトレードし続けることができるようになるのでしょうか。

相場の動きは誰にもコントロールすることはできませんから、できることは、そこに関わるか否かを自分で決めることだけです。

まず、自分がポジションをとると決めたら迷わずにエントリーしてください。そのポジションがどうなるかではなく、どうするかが大事なのです。つまり、損切りと利食いのターゲットを決めること。これを決めるのはトレーダー自身です。しかし、決定するためには心の拠り所も必要でしょう。そのために本書で紹介した簡単なチャートの応用や心理面のコントロールなどを参考にして判断に役立てていただけたらと思います。

この判断基準というのは、絶対的なものではありません。トレーダー自身が自分なりのものを確立していくべきものだからです。いずれにしても、そうした判断の基準を持ち、それに従って行動している限りは、相場がどのように動いたとしても、淡々とそれに対峙していくことができますし、パニックに陥ることもないでしょう。

「相場がどうなる」かは誰にもわからないのですから、あれこれ悩むのではなく、「相場がどうなった」ならば、「どう行動するか」を準備し、それに従っていくことが、平常心を保つコツなのです。

欲張りすぎてはダメ

為替トレードで生き残っている人とそうでない人の差、それは自分の欲望をコントロールできるかどうかにかかっていると思います。

人間は欲深いから、儲かるほど欲が出てきます。しかし、深追いし過ぎたり傲慢になったりすると、必ずしっぺ返しを喰らいます。また、眠れなくなるほどのポジションを持ってうまくいくことはありません。

「尻尾と頭はくれてやれ」——これは、相場の神様といわれ江戸時代に米相場で名を馳せた本間宗久翁の教えですが、まさにそのとおりです。大底や天井などほとんどの場合、上手にとらえるのはむずかしいものですし、逆に大底を拾ったり、天井で売れたりしたときは大抵の場合は早々と利食ってしまうものです。結局、誰も尻尾と頭はとれないのですから、それをとれなかったからといって悔しがる必要もないのです。

相場の神様も傲慢な欲張りすぎは許さないかもしれませんから、その意味では、大儲けの後はとくに慎重なエントリーを心がけたいものです。たとえば相場を始めて間もないのに本当に一攫千金を得た場合。こんな人は凄い才能を持っている天才か、たんなるビギナーズラックのいずれかです。どちらかといえば後者が圧倒的多数でしょうから、何億儲けたと豪語する前にさっさと利食って相場の世界から完全に足を洗うことをお薦めします。真のトレーダーは何年間も生き残って初めて本物といえるものなのです。

大切な本間宗久翁の「三位伝」の教え

トレードの基本的な心構えについては本間宗久翁の「三位伝」の言葉がすべてを語ってくれていると思います。

- **機に待つに即ち「仁」……チャンスがくるまでじっと待つこと。**
- **機に乗じるに即ち「勇」……チャンスが到来したら流れに乗って果敢に攻めること。**
- **機に転ずるに即ち「智」……柔軟に対応して考えや気持ちを切り替えること。**

相場の世界は「買う」「売る」「静観」しかありません。この3つの行為について、三位伝は最も大切なポイントを一言で教えてくれています。

流れに乗り遅れたらチャンスをじっと待つことはとても大切なことです。あわててエントリーすると、高値づかみや底値売りになりがちなものです。エントリーがうまくいけば、それだけで心理的に追い込まれずに済みますから、その後の利食いや利乗せの的確な判断につながります。よほど自分を客観的にみることができる人以外は、「仁」を常に意識したほうがいいでしょう。

一方、トレンドが変化したとみたら、迷わずエントリーすることはさらに大切です。そうでないといつまでも縄跳びの輪の中に飛び込めない状態のまま、トレンドという波に乗り遅れてしまいます。利が乗ってきたらさらにポジションを増やすか、利食いを入れるかはそのときの相場の波動の大きさ次第ですが、「勇」を持って果敢に攻めるというのは本間宗久翁の教えですから、波が大きいと思えば果敢に利乗せをするのもいいでしょう。

しかし、途中でトレンドが変化したり、流れに乗れていないことを自覚したりした場合は、

「智」を持って気持ちを臨機応変に切り替えてしっかり対応することも大事です。いつまでも自分の考えに固執して、トレンドが変わっているのにぐずぐずと損切りを先延ばしにするのは大きな損失につながります。「何か変だな」と感じたらチャートをみてトレンドを再確認し、間違っていたならばいったん撤退することは、次のチャンスにつなげるためには必要不可欠です。

三位伝に記されている、この3つの心構えさえしっかり身につけることができれば、トレードのセンスのあるなしにかかわらず、相場の世界である程度の成功を収められるでしょう。3つすべてをなかなか守れないのが相場の世界でもあり、私自身も初めのころは失敗と反省の連続でした。しかし、結局のところトレードの心構えは「仁」「勇」「智」に尽きるのです。この道30年あまり、相場の世界で何とか生き残っているのも、この教えのおかげといえるのです。

第一条　上がると思ったら買い、下がると思ったら売る

相場と素直に向き合うことが大事。

第二条　愚者は雷同する

人がよいといったものや好材料に誘われてついつい乗ってしまう。天底近し。

第三条　相場は恐怖と欲望のゲームである

欲望と恐怖の狭間で自分を見失わないように。

第四条　買値まで戻って来るような相場は、99%さらに値上がりする

買ったポジションが下がってしまい、我慢していたら持ち値まで戻してきた。やれやれと思って止めたらもっと上がった。本当に下がる相場なら持ち値まで戻らないもの。

第五条　皆が儲かる相場はどこかがおかしい

皆が「上がる」と言っている。自分も買っている。皆が儲かるのは相場が無理している証拠と思ったほうがよい。流れの変化に要注意。

第六条　相場は相手を追い込むように動く

負けが込んでくると追い詰められて最悪の手を打つ。

第七条　すべての戦闘に勝とうと思ってはいけない

相場は戦争ではなく戦闘。戦争は生きるか死ぬか。戦闘は負けたら装備を立て直して次の戦闘で勝てばいい。傷を深くしないこと。

第八条　ナンピンは禁物

「利乗せ」と異なり「ナンピン」はそもそも負けの状態にある。ナンピンするなら一度限り。チャラ逃げをよしとすること。

第九条　複雑に考えず、単純思考でいかなければならない

多種多様の分析ツールを用いたり、材料を探してああでもないこうでもないと考えるのではなくシンプルに、素直に。

第十条　少数派に身を置け

相場が大きく動くのは大抵の場合、人々の予想と反対に動くもの。皆が買いと言い出したら相場が上がっていてもポジションの積み上がりに注意。

第十一条　材料は相場とほとんど関係ない

相場は相場、経済の変数ではなく波動で動くもの。

第十二条　皆が絶対だと思っているときは危ない

社会現象に注意。「まだ」は「もう」なり。

第十三条　あのときやっていたら……は禁句

反省はいいが後悔はするな。

第十四条　モメンタムが大事

相場の勢いや流れに素直に乗ること。

第十五条　重要な意思決定は夜やってはならない

夜中は人間は悲観的になるもの。悪い手を打つことも多い。

●おわりに
為替相場を始めたきっかけ

私が「金魚鉢」といわれていたディーリングルームに配属されたのは1980年代前半のことでした。それまではバックオフィスといわれる事務方で、主にスポットディーラー（為替市場で直接取引するトレーダー）の取引が正しく処理されるかどうかをチェックする裏方的な仕事をしていたのでした。

当時の為替市場はそれこそ男社会、私が所属していた東京銀行為替資金部ももちろんそうです。とくにディーリングルームはガラス張りで防音構造になっていて、扉を開けて一歩足を踏み入れた途端に怒号が飛び交う別世界でした。

そこではディーラーがヴォイス・ボックスでつながっているブローカー（為替相場を仲介する業者）に「テン・ユアーズ（10本売った！＝1000万ドルのこと）」「マイン！（買った）」と怒鳴っていたり、顧客の注文をつなぐカスタマーディーラーが「○○商事さん、20本プライス！」とインターバンクに向かって声を張り上げていたりする光景が広がっていました。また当時、海外の銀行との取引はテレックスが主体ですから、絶え間なく呼んでくる海外からのテレックスがガチャガチャとたてる騒音や、これに対応するアシスタントディーラーのプライスを叫ぶ声等々、そこは喧騒の世界そのものでした。

「金魚鉢」というのはさまざまな金魚たち（トレーダー）を見学するための部屋ではなく、騒音から隔離するためのガラスで仕切った部屋だったのです。その戦場で瞬時に変わる相場を睨みながら部下に向かって指示を飛ばしたり、叱咤したり、時にはそばにあったソロバンや書類挟みを部下に投げつけたりするのが代々の為替課長でした。

そんなディーリングルームに、なぜか私がカスタマーディーラーの見習いとして配属されたことが、為替相場との本格的な付き合いの始まりでした。

そして、そのときの為替課長が豪腕ディーラーとしてその名を轟かせていた若林栄四だったのです。その縁は東銀を退職し外銀で職歴を重ねた後の現在も続いているのですが、昔もいまも、若林の相場大局観のすごさと、時を経て現在もなお進化する様を日々間近にみる幸運に恵まれています。

右も左もわからないまったくの素人からスタートした私ですが、なんとかいまに至るまで、為替の世界で生き延びることができました。東銀で学んだチャートの基礎、外銀でのトレード経験、そして現在のワカバヤシ エフエックス アソシエイツでの活動と、30年余りで培ったノウハウのほんの一片でもお伝えすることができれば、一トレーダーとして大変幸せなことだと思います。

川合美智子（かわい　みちこ）
東京銀行（現三菱東京UFJ銀行）在勤の1980年より、伝説の為替ディーラーといわれる若林栄四氏の下で罫線分析を研究、習熟する。同行でカスタマー・ディーラーとして活躍した後、1989年より在日外銀でカスタマー・ディーラー、外国為替ストラテジスト、資金為替部長等を歴任。罫線分析を基にした為替相場予測と実践的な売買技術には定評がある。現在、㈱ワカバヤシ エフエックス アソシエイツの代表取締役兼外国為替ストラテジストとして為替相場レポートを発信するほか、日経CNBC『デリバティブマーケット』にも定期的に出演中。

ブログ「川合美智子の為替相場と楽しく付き合う方法」
http://www.trade-trade.jp/blog/kawai/

㈱ワカバヤシ エフエックス アソシエイツ
http://www.wakafxinfo.com

仕掛《しか》けから、利乗《りの》せ、ナンピン、手仕舞《てじま》いまで
FX《エフエックス》　プロの定石《じょうせき》

2013年3月1日　初版発行
2015年2月20日　第7刷発行

著　者　川合美智子
発行者　吉田啓二

発行所　株式会社日本実業出版社　東京都文京区本郷3-2-12　〒113-0033
大阪市北区西天満6-8-1　〒530-0047
編集部　☎03-3814-5651
営業部　☎03-3814-5161　振　替　00170-1-25349
http://www.njg.co.jp/

印刷／理想社　製本／若林製本

この本の内容についてのお問合せは、書面かFAX（03-3818-2723）にてお願い致します。
落丁・乱丁本は、送料小社負担にて、お取り替え致します。

ISBN 978-4-534-05052-6　Printed in JAPAN